まわりを不愉快にして平気な人

樺旦純

青春新書
INTELLIGENCE

はじめに

「世の中を上手く渡っている人は、少なくとも言葉の使い方を知っている。言葉は選んで使いなさい。言葉の選択ひとつで、人との関係は一八〇度変わってくる」

「マーフィーの法則」で有名なアメリカのＪ・マーフィーは、言葉の重要性について、こう言っている。

言葉は諸刃の剣である。一つの言葉が人を励まし、一生を益することもあれば、相手を傷つけ、関係をこじらせてしまうこともある。

言葉による傷は耐えられないものだ。たった一言のために何日も不快な気分を引きずってしまう。「あのとき、こう言い返せばよかった」と思うと、ますます腹が立ってきて、精神衛生上よくない。

一般に、ウマの合う人、好きな相手は腹立たしい言葉を言わないし、言ったとしても、傷はそう深くはならない。こちらに深い傷を負わせるのは、たいてい、嫌な相手、苦手な人である。そしてそういう相手ほど、ひんぱんに攻撃をしかけてくるのだ。

さて、あなたは嫌な相手や苦手な人と、どう接しているだろうか。グサリとくる一言を言われたとき、その場でうまく切り返す方法を知っているだろうか。

会社、取引先、友人関係、隣近所、趣味のサークル…どこにでも、「ソリが合わない」「性格が嫌いだ」「立場上、敵対する」「考え方が気に食わない」などという相手がいるものだ。

そういう相手とも好ましい付き合いができれば、と誰でも願う。だが現実はそうもいかない。近づきたくなくても、相手が職場の上司や同僚、部下だと毎日顔を合わせなければならない。ときには同じ目的のために協力し合うことになる。避けて通れないからこそ、みんな悩んでいるのだ。

「仕事のためだ」「欠点があるのはお互い様だ」と感情を押し殺そうとしても、苦手意識が消えるわけではない。がまんすればするほど、ストレスはたまる一方である。

おまけに、こちらが相手を嫌っていると、不快感が無意識のうちに表情やしぐさ、話し方にあらわれ、相手にも伝わってしまう。相手はますますこちらに心を閉ざしてしまう。

　そもそも、なぜあなたやあなたの周囲は「この人は不愉快だ」と思うようになったのだろう。

　相手が、大なり小なり、不快なことをするからだろう。空気を乱す、一方的に責め立てる、神経を逆撫でする、責任転嫁をする、プライベートに踏み込んでくる…。

「不愉快」の理由を、自分たちの性格や言動のせいだと考えないほうがいい。多くは、相手の態度から生じたものなのだ。小さな要因が、相手の出方によってエスカレートしたのである。

　だから、嫌な相手に対する効果的な反撃術を知ることは、
①自分と、自分たちの心を防御する
②新たな苦手意識をつくらない
　という二つの効果がある。

　上手に言い返してやりすごしたり、サラリと受け流したり、場合によっては自分と相手の間に休戦ラインを引いて「これ以上近寄るな！」と警告したり…言葉や態度

の護身術を身につけることで、毎日がすっきりする。

そういう対処法について述べたのが本書である。

日常生活のさまざまな場面を想定し、相手の「不愉快」なタイプごとに、どんな対応が効果的かを詳述した。相手の心の底には何が潜んでいるのか、なぜあのような人間になってしまったのか、といったことにも踏み込んだ。

人間は感情の生きものだ。ムリに相手を好きになどなる必要はない。苦手は苦手でかまわないのだ。

ただし、苦手が「憎悪」「恨み」にエスカレートするのは防ぐ必要がある。

さらに、対処の方法を誤って、相手に怨恨や復讐感情を植えつけたり、周囲から「過剰反応だよ」「感情的な人だ」と誤解され、レッテルを貼られて孤立しては元も子もない。

不愉快な相手とストレスを最小限にしてつきあうことは、快適な生活を送る第一歩である。本書をその参考にして頂ければ幸いである。

まわりを不愉快にして平気な人　目次

タイプ④ いつも他人をけなしている人
――他人を言いくるめるクセの源

タイプ⑤ 感情的すぎる人
――好き嫌いでしか判断できない理由

カバーイラスト　奈良裕己

タイプ1 ずる賢い人

——何でも人にやらせるエゴイスト

「相手にできること」を引き受けるな

◉世渡り上手の心理学

利己主義で欲が深いタイプは、どこの職場にもいる。

男性なら、上司にうまく取り入りながらメリットを得るチャンスにいつも目を光らせている人間。

女性もまた欲張り屋で軽薄、お調子者を装って相手を油断させながら、メリットだけを得ようとする。

いずれにしても、ほしいものを手に入れるためなら嘘など平気でつくし、他人の権利やアイデンティティを侵すのなど何とも思っていない。人のために何かすることは考えず、いつも、

「他人に何かさせよう」

と考えている。相手の都合や生活などまったく配慮しない自己中心的な人間である。

このタイプがやっかいなのは、相手の心を読み取ることに長けているからだ。

うまく利用できる相手と、そうでない相手を見分ける。

ターゲットにされるのは、気弱で優柔不断な人か、まじめで責任感が強く、頼まれると嫌と言えない人が多い。性格を見透かされ、みんなが嫌がることを押し付けられたり、尻拭いをさせられてしまう。

人間関係の基本はギブアンドテイクである。親子でもない限り、どこかに利害関係がある。互いにプラス要素があると思えばつきあいは続くが、どちらにとってもマイナスしかないならつきあおうとは思わないだろう。それは、お金やモノの貸し借りといった意味だけではなく、一緒にいて楽しい、リラックスできる、癒される、情報交換できるといった意味を含む。

しかし、一方にとってはプラスでも、他方がマイナスと感じるなら問題だ。一方が求めすぎればいずれ破綻する。

このタイプは、一見社交的で世渡り上手に見える。しかし表面的な人間関係しか築けない。長い目で見れば、周囲の人から敬遠されるのである。

◎上司が利己的だったら?

このタイプが上司だったらどう対処すればいいだろう?

①仕事以外の頼まれごとにはノーと言う

このタイプは「おいしいとこ取り」なので、自分の評価につながる仕事だけをし、どうでもいい仕事、面倒な仕事は平気で部下に押し付ける。部下の立場ならそれも仕事とガマンしてやるしかないが、それはあくまで仕事の範囲内でのことだ。

「引越しを手伝ってくれ」とか、使い走りなどプライベートな頼まれごとは断るのが賢明だ。言いなりになっていたら便利屋として使われるのは間違いない。

「多少は引き受けるほうが人事考課につながる」と思うなら応じるのもいいが、自分にどれだけメリットがあるか、よく見きわめることが大事だ。

②信頼しない

このタイプは自己中心的で責任感がない。その場の自分の都合や状況、メリットなどに合わせて判断がコロコロ変わる。

失敗の責任を部下に押し付け、自己正当化に終始する傾向がある。

「頼みを聞いてくれたら昇進も」などとほのめかされても、当てにしてはいけない。

引き受けるときは、頼まれたことが会社のためになるのか、社会的なモラルとしてどうなのか、万が一のことも予測しておくとよい。

◉相手に合わせるのは一時的な解決にすぎない

このタイプが同僚だった場合、対処のポイントは何だろう？

相手自身ができることは引き受けないことだ。

このタイプは、自分でできることを、面倒くさがってあなたに押し付けようとする。人を言いくるめるのがうまいので、頼みごとをされたら、適当な口実をつくってとりあえず断るのが賢明だ。

時には嘘やつくり話も交えて同情を引くこともあるので注意しよう。

とくに、

「上司には内緒で」

「あの人には言わないで」

という条件つきの頼まれごとは、きっぱり断る。

引き受けると、あとでバレたときに共犯者になってしまう。しかも、自分が持ちかけた話でもあるにもかかわらず、バレるとあなたのせいにして被害者面したり、知らん振りを決め込むのもこのタイプだ。

きっぱり断ってもまだしつこく頼んできたらどうするか。

今度は、あなたがやっかいなことを頼めばいいのだ。この手の人間は、

「他人のために動くなんてバカバカしい」

と思っているので、さっさと離れるはずだ。

では、このタイプの人が部下だったら、どう対処すればいいだろう？

どんどん仕事を与えることだ。

悪い意味で要領がいいので、少し目を離すとサボったり手を抜く。自分の仕事を同僚や後輩にさりげなく押し付けるのも得意だ。偉い人にはさりげなく取り入っておくといったソツなさも身につけている。

仕事を任せるときは、どんなメリットがあるかを説明しておく。一見ムダに見える仕事でも、それをこなすことで全体の仕事の流れが理解できるし、経験やスキルアップになると強調するなどだ。

また、定期的に中間報告をさせてチェックしておく。

このタイプが友人・知人だったらどう対処すればいいだろう？

①できないことにはノーと言う

人に親切にしたり、困っている人を助けたりすることは大切だ。しかし、それは自分のできる範囲内でのことだ。自分を犠牲にしてまで他人を助ける自己犠牲精神は、一見美しく感じられるが、本当の優しさではない。

「断ると嫌われるのではないか」

という不安から出た行動だからだ。

できない依頼にはきっぱりノーと言おう。

また、人を助けるときは、生活面、精神面で余裕があるときだけにし、見返りは期待しないことだ。何も返ってこなくても、

「自分が好きでしたのだ」

と思えば相手を憎むことはないし、損をしたようには感じない。

はっきりノーを言うには勇気が必要だが、ノーを言わないと、よけいなストレスを抱えるだけである。

②相手と距離を置く

それでもまだ相手が要望を言ってくるようなら、その人とは離れたほうがいい。関係を大切にしたい人なら、真意を理解してくれるはずだし、ムリな頼みごとはしないはずだ。互いに相手の立場や生活を思いやるのが、成熟した関係といえるだろう。

「私はできる範囲内で協力したいが、残念ながらほかのことで手一杯であり、時間がとれない」

と明確にするのもいい。相手がそれでも納得いかないようであれば、

「申し訳ないが、今の私に手助けすることはできない」

と突き放そう。

相手がムッとしても、それはもはや相手の問題だと割り切る。

交換条件で切り返す

◉取引優先でつきあう

「相手から何を得られるか、自分にとってどうプラスになるか」は、無意識のうちに誰もが考えることだ。人間関係を取引にたとえる人もいるが、取引が成立すれば、つきあいへと発展していく。

すべてに取引優先、というタイプが、どの世界にもいる。何をするにも損得勘定を働かせ、自分の得になる人としかつきあわない。自分の都合だけを優先し、相手の立場など考慮しない人間である。

人は本来身勝手で図々しいものだ。誰かが親切にしてくれると感謝するが、それに慣れてしまうと、感謝の気持ちは薄れていく。やってくれて当たり前と思い、さして気にもとめなくなってしまう。

ある会社で、社内の雰囲気をよくしようと女性社員の一人が私費で花を買い、窓辺に置くようになった。2年間、花はいつも飾られていた。彼女が退職したあと、他の社員たちははじめてそのことに気づいた。何かが足りないと思っていたら、窓辺の花だったのだと。

ふつう、私たちは親切が日常的になれば感謝しなくなり、その親切がなくなれば感謝がよみがえる。

だが、このタイプの人は、親切がなくなると、感謝するどころか、気分を害する。

「いつもやってくれているのに、どうして？　ケンカ売ってるの？」

と相手を攻撃するのだ。

こういう人には、あなたも「取引優先」でつきあうほうがいいだろう。

◉頼まれたら頼み返す

このタイプにはどう対処すればいいだろう？

①相手の言いなりにはならない

このタイプは、自分の利益のみ優先し、相手にお返しするとか、困っている人を助けるといった気持ちは持ち合わせていない。利用できる相手を徹底的に利用し、利用価値がなくなったら切り捨てる。

親切心が報われることはないと思っていい。

自分にできること、できないことをきっぱり言い、自分の権利をしっかり守るしかない。

②頼みごとをしてみる

頼みごとをされたら、同時に何か頼んでみよう。

「私もお願いしたいことがあったんだ」

と交換条件を持ち出すのだ。それで相手の誠意がわかるに違いない。

要は、

「そちらの思惑通りにはいかない」

ことを匂わせるのがポイントだ。

「あれ、やってくれた?」

と聞きに来たら、

「まだだけど、私が頼んだほうはどうなってる?」

と聞き返し、また何か言ってくるまで待つ。

これを繰り返せば、相手は面倒になって、別の人を探すだろう。

③相手から離れる

それでも、都合のいいときだけ擦り寄って来たら、しだいに疎遠にしたほうがいい。

がまんしてつきあうよりも、精神衛生上、平安が保てる。

会おうと言われても口実をつけて断る。

電話には出ない。

メールも返さない。

時間には限りがある。自分の中で優先順位をつけて互いにムリなくつきあえる人とつきあおう。

タイプ②

ささいなことでキレる人

――怒ると人格が変わるのはなぜか

機嫌はコントロールできる

◉気分屋の舞台裏

人間には、バイオリズム（生体活動周期）に基づく気分の変動がある。誰でも、感情、肉体、知性の3要素の一定のリズムに乗って生きているのだ。

いつも明るく愛想がよく見える人でも、実は感情や気分が完全に一定しているわけではない。内心では好調と不調を感じているものだ。ただ、普通はそれをコントロールできている。

しかし、この気分の上下が激しく、かつ感情のコントロールができないタイプの人がいる。

誰でも、たとえば朝一番でクレームが入り、電話口で頭ごなしに怒鳴られたら、その後気分よく仕事に取りかかれないだろう。また、体調が悪かったり、睡眠不足が続いたりすると、ついついぞんざいな態度になってしまったりするが、このタイプはいつもそんな状態にあるわけだ。

とかく気分に左右されやすく、言動に一貫性がないと判断され、あまり信用されないのである。

◉察知力の鍛え方

このタイプにはどう対処すればいいだろう？

①機嫌を見極める

どんな人でも、気分がいいときと悪いときがある。
いいときは人にも優しくなれるし、困っている人を助ける援助行為の度合いも高くなる。

いっぽう、悪いときは、つっけんどんな対応をしたり、他人のささいな行動も気に障ったりする。同じ言葉でも、気分がいいときは適当に聞き流せるのに、悪いときはカチンときがちなのだ。

初めて会う相手ではわからないが、顔を合わせることが多い相手なら、いつ機嫌がよくて、どういうときに機嫌が悪いかを察知し、それに応じて話し方や態度を変えるだけで対処できるだろう。

たとえば気分屋の上司に慣れている部下は、

「いまは機嫌が悪そうだから、近づかないようにしよう」

とか、

「気分が良さそうだ。例の話をしてみよう」

というように、顔色を見て出方を決めているものだ。

気分屋の上司にいつも厳しいことを言われる部下は、相手の変化に無頓着な人が多い。機嫌の悪いときに込み入った話をしようとしたり、質問をくり返したりしてしまうのだ。

ここに気を付ければずいぶん人間関係が楽になるものだ。

相手の機嫌が悪くなり、当り散らすようなサインが見えたら、できるだけ遠ざかろう。言い返したところで時間とエネルギーの無駄である。

本人自身、感情のコントロールができない状態なのであり、気分が良くなればケロッと忘れるのだから。

会話は最小限にする。大雨がやむまで避難するのだ。

②気分が落ち着いたところで対応する

商談をするときなどは、自分や相手の感情がよいときのほうが、うまくいく可能性が高い。

人は気分のいいときは、多くのことにイエスと答える傾向があるからだ。したがって、**事前に、自分と相手のバイオリズムを把握しておくことを軽視してはならない。**

初めて会う場合は、会ったそのときに、相手が気分がいいか悪いかを観察する。

「どうもイライラしてるな」

と思ったら、簡単な説明にとどめ、別の日に出直すのがベターだ。

逆に、

「なんとなく、気分が良さそうだ」

と感じたら、一気に話を進めるといいだろう。

人の気分や感情は、天気や温度にも影響されることが分かっている。

一日中雨の日は、ゆううつな気分になりがちだ。

晴れの日は、概して誰しも気分がいい。そんなときに一緒にいた相手には好印象を持ちやすいのである。

激怒のかわし方

◉怒りのおもちゃにされるな

ささいなことですぐキレ、怒鳴ったりヒステリックになったりと興奮しやすい人がいる。

周囲に八つ当たりをしたり、ところかまわず攻撃したりする。闘争心が強く、ケンカ腰で相手かまわず容赦なく食ってかかり、暴言を浴びせる。なんとも厄介な性格である。

主張が間違っていても、威圧感に圧倒され、ふつうは言い返せなくなる。

「下手に言い返せば何十倍も言い返される」

と恐怖を感じて引き下がることになってしまう。

　このタイプは、自分の暴言で相手を傷つけてもまったくお構いなしだ。他人の気持ちに鈍感で、相手のことなど考えようとしない。気が荒く向こう見ずで、得体のしれない恐ろしさを発散している。

　職場にこのタイプの上司がいると、ピリピリと緊迫した雰囲気が支配する。いつどんなささいなきっかけで爆発するかわからない。とくに下で仕事をしている人たちは、

「また怒鳴られるんじゃないか」

と、いつも不安や恐怖を抱いている。仕事に集中できないばかりか、

「怒られないようにするにはどうすればいいか」

ばかりに注意が向いてしまう。その結果、ストレスは増幅し、慢性的な疲労を感じ、うつになったり、体調をくずす人が出てくるのだ。

◉衝突を避けたいとき

このタイプが上司だったらどうすればいいだろう？

①相手の感情がおさまるまで待つ

相手が感情をぶつけているときは、何を言っても時間とエネルギーの無駄である。こちらまで感情的になったら、同じ土俵に上がることと同じで、泥沼の戦いになる。そうなると怒りのエネルギーがすさまじい分だけ相手が上。あなたは疲れるだけだ。昂奮状態になっている相手は、あなたの言うことを聞く耳など持っていない。とにかく怒りがおさまるのを待とう。

しばらく怒りが続くようなら、椅子に座ってもらったり、コーヒーをすすめたりするのもいい。座ったり、飲み食いをしたりすると攻撃傾向が弱まることが多い。

②理不尽なことには抗議する

相手が上司だからといって、あまりも暴言がひどかったり、理不尽なことで感情をぶつけてきたら、それについては抗議する。

ただし、

「そこまで言われる筋合いはありません」

「それと私とは無関係でしょう」

というように真正面から言うと、相手の怒りに油を注ぐ。

「わかりました。部長がおっしゃっているのは、こういうことですね」

と相手の言いたいことを確認し、こちらに非があることに対しては、

「それについては、今後注意します」

と謝り、冷静に受け止める姿勢を示す。

「それについては」と言うことで、控えめではあるが、「それ」以外は無関係だと意思表示するのだ。

ただし、相手の言い分が正しい可能性もないとは言えない。再三の指摘にもかかわらずミスが直らないとか、部下としてのマナーすら逸脱した振る舞いを続けていることについに爆発しているケースも、実際には多いのである。

よほどの問題上司でないかぎり、いきなり怒る人などいない。自分にも問題がない

か、冷静に検証してみることが欠かせない。

なお、こういうときに周囲に意見を聞いても、

「あなたが悪いからだ」

などと正直に指摘してくれる人は滅多にいないことは心得ておくほうがいい。逆恨みされる面倒など、誰しも御免だからだ。

もし、上司がことあるごとに怒るのがあなたに対してだけだとしたら、問題はあなた自身にある可能性が残念ながら高い。

③「疲れている」ことをアピールする

このタイプは身勝手で強引なだけに、他人が自分の言動でどれほど傷ついているか、神経が参っているかは想像もしていない。何を言われてもじっと耐えているだけでは、相手は今後も同じように接してくる。怒っても反論してこないから大丈夫だとタカをくくっているのだ。

早い話が、なめられているのである。

相手の癇癪に振り回されて疲れるだけでは、状態は今後も変わらない。

「頭痛がひどくて仕事を続けられません。すみませんが、明日は病院へ行くので、休ませて頂きます」

と、自分が精神的に参っているサインを出そう。

④仕事については、学ぶ

このタイプは短気・せっかちで怒りっぽく、自制心に欠ける。いわゆる「いい人」「優しい上司」ではない。本人も、そんな評価を欲していない。

というのも、仕事ができる人であるケースが多いからだ。押しの強さ、精神的なタフさにより、困難な壁にぶつかっても簡単には投げ出さず、壁を乗り越えるパワーと能力、気力があるのだ。

他人に対してだけでなく、自分にも厳しいのだ。それだけに、自分と同じようにできない人には歯がゆい思いをいつもしているのである。

特に、能力的にできないのではなく、がんばろうとしない人、言い訳をする人、逆ギレする人には容赦ない。いわゆる「優しい上司」なら〝なあなあ〟で見過ごしてくれることも、このタイプには通用しない。

そういう意味では、正しい上司と言えるのである。

それだけに、ついてくる部下がいれば、熱心に仕事を教えてくれるだろう。

性格的には厳しい面があるが、仕事の面では「優しい上司」面をした無能な上司よりも、はるかに学べることは多い。

仕事ができる人は、人の見極めも早い。見どころのある人間と、そうでない人をすぐに見分ける。

「こいつは伸びる」と期待されたら、ただの「怖い上司」とはまったく違った一面を見せてくれるだろうから、わからないことは積極的に聞きに行くようにしよう。

◉意外な小心さも持っている

このタイプが同僚だったら？

①ムダな対立は避ける

一度怒り出したら止まらないから、言い返してもムダだ。反応せずに、嵐が過ぎるのを待とう。

②あえて知らん顔をする

このタイプは、神経が通っていないのかと思うくらい強気に見えるが、変なところに神経が細かく小心だったりする。

怒りがおさまって冷静になると、醜態をさらしてしまったことを悔やみ、周囲の目を気にし始めることがある。

あなたとしては、そういうタイミングをとらえて、「あのくらいのことで本気で怒るなんて」と言いたくもなるが、あえてそう言わず、気にもとめなかったフリをしてあげよう。

闘争心が強くプライドが高いだけに、敵に回すと面倒だ。言われたことが図星でも、カチンときて、またまた復讐心を燃やされたらやっかいである。

ではこのタイプが部下だったら？

①警告する

誰かが注意しない限り、態度を改めようとはしない。

問題を起こしたら、なるべく早いうちに処罰を与えるなどして、今後も同じことをしたらどうなるか警告を与える。黙認していると好き勝手な振る舞いを続けるようになり、ひどい場合は組織内での不満分子の親玉になったりして、あなたが管理責任を問われかねない。

②自覚を持たせる

このタイプは感情のコントロールが下手だ。

いったん怒りのスイッチが入ってしまうと、自分の言動が周囲にどんな影響を与えるのか、相手がどれだけ傷ついているのか、それが自分の将来にどう影響するのか考えられない。

怒りがおさまった後、それらを自覚させる。自分の姿が周囲にどう映っているのかを、周囲の人にも説明してもらうと、本人により伝わるだろう。

③能力を発揮できる仕事を与える

このタイプは仕事には有能な人が多いので、仕事を任せるときは、

「期待しているよ！」

と一言付け加えるといい。

タイプ③

なぜかいつも「上から」な人

——つねにあなたの上に立とうとする心理

相手の「自尊心のボタン」にふれると……

◉傲慢さは何を隠したいから？

あるアンケートでは、最も嫌われる人間のタイプは、

「いばりたがる人」

「傲慢な人」

「上から目線の人」

だった。


こういうタイプを上司や取引先の担当者に持てば、毎日が暗くなるだろう。

動物は、自分の弱点を隠すために、さまざまな方法を用いる。周囲にまぎれるため

に自分の姿かたちや色を変える。敵の侵入を許さない殻を持つ。大声や特異な動作で相手を威嚇する。

人間も同様だ。何かといばったり、傲慢な態度を示すのは動物の威嚇のようなものだ。自分を強く誇張して見せることで、弱さを知られまいとするのだ。

肩書きを自分の実力と思い込みいばる人は、どの会社にもいる。能力のない人ほど、尊大な態度をとることで、自分の地位や立場の優位性を確認しようとする。

こういうタイプは

「他人からバカにされたくない！」

という気持ちが人一倍強い。他人を見下すような傲慢さは、劣等感の裏返しである。劣等感を他人に知られまいとして、虚勢を張るのである。

本当に実力がある人、自信のある人、能力が高く評価されている人は、自尊心が満たされているので、自分を必要以上に大きく見せる必要はない。

それに対して、実力のない人、自信のない人、大して評価されていない人は、権威を振りかざすことでしか自分の優位を示せない。権力にこだわり、権力を使いたがる権威主義者になる。

こういう人の中には、自分の実力や自信、人望のなさに気づかない人もいる。肩書きが自分の実力だと思い込む「お山の大将」「裸の王様」である。

しかし一般的には、心の底から自信満々であるわけではない。

「自分は特別だ」

「会社にとって不可欠な人材だ」

「人を動かす能力にすぐれている」

などとうぬぼれている半面、いつも周囲の評価を気にし、ほめてくれる言葉を求めている。根は小心者で自信がないのだ。

だから、ささいなことでもプライドを傷つけられやすい。そして、傷つけられるや、烈火のごとく怒る。

自分は他人をバカにしているにもかかわらず、自分をコケにした人間は許さない。どんな手を使ってでも、相手に思い知らせようとする。

協調性や謙虚さ、思いやり、人に対する感謝の気持ちというものが、そもそも欠けているのだ。

このタイプは、ものごとを考えるときも、「白か黒か」「いいか悪いか」といった単純化に陥る傾向が強く、総合的に判断することが苦手だ。また、自信がないために、目先のことでコロコロ判断を変えたり、状況に流されたりしやすい。

仕事がそこそこできる人もいる。高慢で押しが強く、強引に目標を達成することがある。それが成果につながり、高い評価を受けたり、会社に貢献したりすることになるわけだ。

しかし、部下や周囲の人にとっては、疲れる相手である。嫌々ながらも周囲は従うが、それはその人の権力に対してであり、心から尊敬しているからではない。真のビジネス能力や人間的魅力があるわけではないため、権力を失うことがあれば、手の平を返したように冷たくされるだろう。

それを本能的に察知しているため、このタイプは権力志向が異常に強い。力関係に敏感で、勝ち取った権威にこだわり、いつまでも君臨しようとするので、やっかいである。

◉内容より「言い方」に注意

このタイプが上司だったらどうすればいいだろう？

①内容より表現に気をつける

このタイプは、
「自分は絶対に正しい」
と思い込んでいる。あなたの言い分が正しくても、嫌われたらあなたの立場は危うくなるから言い方には気をつける必要がある。

自分をバカにした人間は容赦なく攻撃するのがこのタイプだ。

正論を口にしても聞く耳を持たず、逆に目の敵にされかねない。責任ある仕事がもらえなくなったり、下手をすると左遷されたり、幹部に根回しをされてリストラ対象にされる危険性がある。

②役に立つ部下であることをアピールする

実力をつけ、上司をサポートしよう。

このタイプは、アイデアが豊富な部下を重宝する。単純思考で頭が固いから、アイデアマンをほしがるのだ。

サポートに回り、相手にとって有益な人材であることを認識させる。信頼を得られれば、相手もあなたをサポートしてくれる可能性が高くなる。いわば「もちつもたれつ」の関係だ。そして、このときにつけた実力や創造力は、のちに必ずあなた自身の役に立つ。

③無神経な言い方は聞き流す

どなられても適当に聞き流すことを心がけよう。声を荒げられるたびにムカムカしていたら身が持たない。

「こういう言い方は、ただのクセなのだ。コミュニケーションのしかたを知らず、感情をぶつけることしかできない人なのだ」

と自分に言い聞かせよう。実際にその通りなのだから。

④言うときは言う

どなられても聞き流すのがいいとはいっても、言いたいことをいつもがまんしていたら、つけ上がられる危険性が高い。相手の言い分があまりに理不尽な場合は、きちんと自分の意見を述べよう。

相手が仕事のできるタイプなら、何でも聞きいれる部下は、無能とみなされる。必要に応じて自分の意見を言うべきだ。

また、無能な上司の場合も、部下とのコミュニケーションに自信がないから、やや強気で出たほうが喜ばれることがある。

⑤相手を立てる

このタイプに意見を述べるのは、一見むずかしく思える。

「個人的に攻撃されているのではないか」

「自分を無能だと思っているのか」

と、とかく疑い、決め付けるからだ。自尊心を傷つけられたと感じれば、激しく攻撃してくる。

そこで、意見を口にする前に先回りして、能力や権威を否定していないことを確認させるのが大切だ。その上で、

「まずは課長に判断を仰ごうと思いまして」

と持ちかけるかたちにする。

たとえば、

「昨日つくった企画書に、まず課長のお目通しを頂けるとありがたいのですが」

とか、

「慣れていないので、おかしなところがあったら教えて頂けませんか」

と低姿勢に出て判断を仰ぐ。

そのアイデアが有益で、上司自身の評価につながると判断されれば、フォロー役に

回ってくれる可能性が高くなる。

◉子分にされないために

このタイプが同僚にいたら、賢い対処法はどういうものだろう。

①自慢は適当に聞き流す

自信はないくせにプライドだけは高いので、絶えず周囲からの高い評価を求めている。その裏返しとして、他人のささいなミスは大げさにあげつらう。優秀な同僚を批判し、会議でもせっかくの流れを捻じ曲げたりする。

いつも自分が一番でないと気がすまないため、学歴や、有名人の知り合いなどを、聞いてもいないのに自慢したがる。これも不安の裏返しだ。

このタイプの同僚と接するには、相手の実力がどのくらいかを正確に見きわめよう。実際に実力があれば、協力しあい、コミュニケーションを図るのもいい。単なる強がりなら、自慢話を真に受けるだけ野暮である。

②一定の距離を置く

当たり障りない会話を心がけ、一定の距離をとる。あなたの仕事について何か言ってきたら、参考になることは聞き、それ以外は頭の中から追い出すこと。

このタイプは態度が大きいだけに、敵も多くつくる。**傲慢だから、あなたが味方になってやっても、感謝などせず、子分のようにしか見なさない。**敵に回してもやっかい。味方になってもつまらない。中立的な立場を保つようにしよう。

◉部下が威嚇をしてきたら？

このタイプが部下だったら？

①立場を明確にする

傲慢でプライドが高いため、命令に従うことに反発する人もいる。何か言い返してきたり、命令を無視するといった反抗的な態度を示したら、どちらが上の立場なのか、誰が上司なのかをはっきり伝えること。

上司であるあなたの能力を試すようなことを言ったり、あなたの能力を見透かしているかのような言動をする人もいるが、その場合は無視すること。

②責任をもたせる

権力や力関係には敏感なだけに、上司の前ではおとなしくしている人でも、目を離すと、同僚や後輩をバカにしたり、嫌がらせをする場合がある。「自分は特別」という意識が強く、いつも一番でないと気がすまないため、自分より能力がある人間の足を引っ張ることも少なくない。

そこで、責任ある仕事を与え、それを成し遂げるとどう評価されるのかを説明するとよい。ほかの同僚には注意が向かないくらい時間と手間がかかる仕事がうってつけだ。

「口汚さ」をかわす法

◉立場の強弱と心の強弱を区別する

人に何かをやらせたいとき、よく用いられるのが報酬と罰だ。「アメとムチ」の使い分けである。たとえば、父親が息子にスポーツをさせたいとき、

「もっと速く走れないのか」

「お前は鈍いんだよ」

などと叱れば、息子はやる気を失うだろう。逆に、

「そうだ。その調子だ」

「今日はよくがんばったな」

などとほめられれば、息子はスポーツが楽しくなり、好きにもなるはずだ。

動物を使って、報酬と罰の効果を調べた実験がある。

マウスをT型迷路に入れ、右にも左にも行けるようにする。マウスを右に行かせたいとき、二つの方法が考えられる。

一つは、右にエサなどの報酬を置く方法だ。どうなるか。そのうちマウスは、右に行くことを覚える。

二つめは、左に電気ショックのような罰を置く方法だ。

電気ショックを受けたマウスは、右にも左にも行かなくなる。前に進まなくなるのだ。パニックを起こして、隅にうずくまったり、迷路から飛び出そうとする。

このように、罰だけ使うと、人や動物を動かせない。

息子がスポーツをしても、親が叱りつけるだけで報酬がないと息子は意欲を失い、スポーツをすること自体が苦痛になってくる。いっぽう、スポーツをすると父親にほめられれば、息子は期待に応えようとがんばり、それが上達に結びつき、ますます楽しくなる。

管理職の仕事も同じだ。部下をムリに服従させることより、やる気を起こさせ、自発的に楽しんで仕事をするようにもっていくことが肝心である。

部下の尻を叩き、ミスをあげつらって叱責する。欠点を探して叱り、ほめることはほとんどしない。こういうタイプの上司は支配欲求、達成欲求ともに強い。高い目標を掲げて達成しようとする。自分がバリバリ仕事をするから、できない部下がいるとイライラし、怒りをぶつけるのだ。

これでは部下の意欲は低下し、効率が悪くなるだけである。

人は自分に都合よくものごとを判断したり、失敗を他人のせいにしたりする。自尊心を傷つけないようにするためだが、このタイプも「自分の管理能力に問題がある」とは考えず、

「業績が伸びないのは部下の努力が足りないから」

と思っている。

「もっと能力のある部下に恵まれていたら、こんな苦労をしなくてもすむのに、なぜあんな無能な人間の世話をしなければいけないのだ」

と思い、ますます部下を非難し、きつく当たる。部下に責任転嫁することで、自分の能力不足やプレッシャーを正当化しようとするのである。

こういう人は、心の中では、

「好きできつく当たってるわけじゃない」

「俺は本当は優しいのだ」

と思っているものだ。

だが現実は正反対。「口うるさい上司」と部下には嫌われ、尊敬も信頼もされない。

ノルマの増大やストレス社会の進展により、こういう上司が増えているという。上司自身も、自分の口うるささに振り回されていることを知っておこう。

◉「さわやかな謝罪」が効く

このタイプが上司だったらどうするのがよいか。

①ミスをしたらまず謝罪する

言い訳したり、沈黙したり、逃げるのは逆効果もいいところだ。

仕事でそれなりの成果を出し、社内での評価を上げておくのがまず大前提。上司から欠点を批判されてばかりいるからといって、卑屈になってはいけない。謝罪すべき点はさわやかに謝罪して気持ちをスッキリさせ、自分の能力を伸ばしていくのが大事である。

②途中でこまめに報告する

いつも誰かを叱っている人は、「こまかすぎる人」「やかましい人」「神経質」「自分のことは棚上げするずるい人」に見える。

だが、見方を少しだけ変えてみよう。どんな短所も、見方によっては長所になる。

『人を動かす』などの著書で有名なデール・カーネギーは、

「人間嫌いを直す方法は一つしかない。相手の長所を見つけることだ。長所は必ず見つかるものだ」

と言っている。短所を探しているうちは短所しか見つからないが、見つけようとすれば、長所は一つや二つは必ず見つかるものだ。そうしたほうが、あなた自身、得をすることを覚えておきたい。

このタイプは、見方を変えれば、

「こまかいことによく気がつき、慎重に考える人」

と解釈することもできる。

神経質できちょうめんな人は、ものごとが頭の中の計画どおり運ばないと不安になりイライラする。

あなたは、相手がこまかく口を出してくるまえに、まめに報告するようにしよう。相手は安心して、うるささが少しはおさまるはずだ。

タイプ④

いつも他人をけなしている人

――他人を言いくるめるクセの源

他人のアラを突く人ほど自分の痛みを恐れる

◉自分自身を嫌うのはなぜ？

自分の悪いところは棚に上げ、人のアラばかり探してしまう。

こうした傾向は、多かれ少なかれ、誰しも持っているものである。

「イソップ物語」にこんな話がある。

昔、プロメテウスが人間をつくったとき、二つの袋を与えた。一つには他人の欠点が入っており、もう一つには自分の欠点が入っている。

プロメテウスは、他人の欠点の袋を前に、自分の欠点の袋を後ろに下げるようにした。そのために人間は、他人の欠点や短所はすぐに分かるのに、自分のそれは目に入らないようになってしまったのだという。なんとも身につまされる話ではないだろうか。

「人のふり見てわがふり直せ」

という言葉があるが、やはり自分の欠点や短所は、分かっているつもりでも、人から指摘されると腹が立ったりする。頭では分かっているつもりでも、なかなか直せない。

相手の欠点を見たとき、

「自分にも欠点がある。人を不快にさせることがあるかもしれない。お互い様だな」

と考えられる人は、他人の欠点にもある程度は目をつぶることができる寛容な人だろう。

しかし逆のタイプがいる。小さなミスでも許さない。相手が謝っているのに、欠点をあげつらって口やかましく批判する。

このように、**ことあるごとに他人を批判する人は、自分自身にも不満が多いものだ。**

現在の自分にとりあえず満足している人は、他人にそれほど批判的にならない。劣等感と不安にさいなまれている人ほど、相手を批判、非難してしまうのだ。

批判的な人には、いくつか共通点がある。

①自分に対する不満が多い

現在の自分にOKを出せていない。不満をつのらせているため、他人のアラや欠点が気になるのだ。

②支配欲求が強い

他人や環境、できごとをコントロールしたいという気持ちが強い。

「人はこうあるべきだ」

「こうでなきゃおかしいだろう」

「あの人があああいう行動に出るのはおかしい、ありえない」

「あの人は自分の意向通りに動くはずだ」

という観念が強く、相手が思い通りにならないと腹を立て、批判的になってしまうのだ。

③完全主義的な傾向が強い

オール・オア・ナッシング、白か黒かという極端な考えを持ちやすい。行動、できごと、環境などに対し、「すべてが正しいか、すべてが間違っているか」という判断をしがちだ。幼い頃から厳格に育てられ、「間違ったことをしてはいけない」「完全でなければいけない」と思い込まされた人は、完全主義になりやすいといわれる。

すべてが完全なことなどありえないのだ。完全を目指せば目指すほど、理想と現実のギャップに苦しむことになる。しかし本人にはその自覚はなく、自分が正しいと信じているのだ。

④理想が高い

テストで70点を取ったとする。

「悪い点数を取ってしまった。もっと勉強しないとダメだ」

と考える人もいれば、

「けっこう良い点を取れた」

と満足する人もいる。同じものもどうとらえるかは人によって違う。「この程度できればいい」と思える一定の基準を、心理学では「要求水準」という。

要求水準の高い人は、高い理想を求めがちだ。

たとえば結婚相手として、身長と学歴と収入が高いことを求めるのはもちろん、顔やセンスの良さ、やさしくて頼りがいがある性格など厳しい注文をつける。

「そういう自分は、それに見合う人なのか？」

と誰しも聞きたくなるが、現実の自分を客観視できないため、本人は、自分に適した水準が分からないのだ。

こういう人は、仮に理想の人があらわれたとしても、不満を持ちやすい。欠点が見えたとたんに嫌いになったりする。完全を求めるがゆえに、どんな状態になっても満たされることがない。不満はつのる一方なのである。

◉上司が「欠点で部下を見る人」だったら？

このタイプが上司だったらどう対処するのがよいだろう。

①相談するかたちに持っていく

「このやり方のほうがいいと思うんですが」

などという言い方をすると、

「生意気だ」

「経験が浅いのによく自信満々に言えるもんだな」

「俺には黙って首を縦に振れというのか」

とヘソを曲げられかねない。頭では「採用したい意見だ」と思っても、

「言われた通りにOKするのは面白くない」

と、頑なになるのだ。

批判好きな人ほど、他人から批判されることにがまんがならない。

そこで、おうかがいを立てる態度を示すとよい。

「課長なら、客観的な意見をくださるのではないかと思いまして」

「課長はこういうことにお詳しいようなので、一度伺ってみたかったんです」

などと、自分の意見を言うまえに持ち上げておくのがポイントだ。

「相談に乗って頂きたいことがあるんですが」

だけでも効果は絶大である。

面倒な相手なのだ。ひと手間かけるくらいは、仕方がないと割り切ろう。

②自尊心をくすぐる

人は自分をけなす人より、ほめてくれる人を好む。

日頃人をけなしてばかりいる人は、誰からもほめられない。しかしそういう人ほど自意識過剰で、一見クールに振る舞っていても、人からチヤホヤされたがっているものなのである。

そこで、本題に入る前に相手を持ち上げよう。

「権限のあるあなたに相談しているのです」

「この件についてのエキスパートだと誰もが言っているのを聞いて、ぜひお願いしたいと思いまして」

といった言葉を最初に伝えておくとよい。

ほめるときは、できるだけ具体的な言い方をする。

「あなたは知識が豊富なので」

といった漠然とした言い方だと、見え透いたお世辞にしか聞こえない。このタイプは猜疑心も強いので、

「何か魂胆があるな」

と、疑われる。

他人のアラ探しばかりする人は、疑り深いので嘘はすぐ見抜く。具体的な事実に基

づいてほめたほうが信憑性があり、自尊心は満たされるのだ。

また、

「会議のあとに、○○課長もほめていましたよ」

などと、第三者の伝聞としてほめるのも非常に効くのがこのタイプである。

この手法は、『伯爵夫人はスパイ』という自伝的スパイ小説に登場する「ウィンザー公夫人」の、

「第三者のほめ言葉は、どんなときでも一番効き目があるのよ。忘れないでね。いつかきっと役に立つわ」

という言葉にちなんで、「ウィンザー効果」と呼ばれている。覚えておいて損はない。

◉どの批判を受け入れるか

このタイプが家族や知人だったら?

①批判が正しいか見極める

批判されたからといって、感情的になってやり返しても、こちらが疲れるだけである。批判の内容をよく検討してみよう。言い方はぶしつけでも、改善できるヒントがあるなら取り入れればよい。

逆に、批判が的外れなら聞き流せばよい。

どんなことに対しても、ただ批判するだけの人がいる。そういう人は、人をほめたり認めたりすることはない。否定するだけで提案や解決策は出せない。今の自分がうまくいっていないことへのいら立ちから、怒りをぶつけたり、たまったウサを晴らしたりしているだけの場合は、批判を本気で聞くだけ無駄だ。

②適当に聞き流す

相手が職場や近所の人などの場合は、批判を右から左に聞き流すくらいの適当さが必要だろう。

家族にこのタイプがいる場合は、まともに聞いていたら神経がもたない。そのつど言い返していたら輪をかけて批判が返ってくるだろう。こちらが相手の理想どおりにならない限り満足しないのだから。

どうでもいいことを批判してきたら、用事をつくってその場を離れるか、別の楽しい話題に切り替えよう。

「ただ理解するだけ」が効く

◉不平を増やす人たち

ありとあらゆることに不満を持ち、誰も聞いていないのに、ダラダラとそれを言い続けるタイプの人がいる。部下の仕事ぶりを細かくチェックし、どうでもいいようなミスでも、見つけたら何度でも修正を命じる。

不平不満のネタを常に探しているかのようである。通勤電車内でも、トイレの中でも、不満のもとを探し出しては一人ぼやいているに違いない。

不平不満の多い人には、つぎのような共通点がある。

①受け身的で被害者意識が強い

積極的・行動的な人なら、アラ探しばかりしていないで、文句ばかり言っていないで、主体的に問題を解決しようと考え、行動する。だがこのタイプは自分では動かずぼやくだけだ。

もともとあまり社交的な性格ではないので、他人に働きかけて問題解決をすることが苦手な人が多い。相手に直接話をしても、反論されたり、はぐらかされたり、嫌われて陰口を叩かれたりするのが嫌だという気持ちが強く、そのハードルを前にすると尻込みしてしまう。

そのため自分の中で不満が内にこもり、いつまでも排泄されない宿便のようにたまっていくのである。

②自分にも他人にも厳しい

ものごとが思い通りに運ばないのは、自分のせいではなく他人や環境のせいだと思い込んでいる。

たしかに本人は平均よりも真面目で優秀なケースが多い。苦しくても努力して目標を達成したり、約束を守って人生を歩んできたので、それをしない他人がただの劣った人間に見えるのだ。

それは何ら間違っていないのだが、本当に優秀な人は、至らない相手の欠点を埋めるようにうまく働きかけるなどして、ことを運んでいるものだ。このタイプにそこまで求めるのは酷かもしれないが、この点の自覚がないケースがほとんどだから、

「自分は正しい。間違っているのはあいつだ」

というムカムカから抜け出せないのである。

③マイナス思考

ものごとの悪い面や不足している面にばかり注意が行ってしまう。人に対しても、長所ではなく短所やアラ探しばかりが目につく。

④完全主義

すべてのことに完全さを求め、きちんとケジメをつけなければ気が済まない。それは理想だが、実現は不可能であることを頭のどこかでは分かっている。それでも完全さを求めてしまうのが完全主義者である。

完全主義者は、自分だけでなく、他人にも完全さを求める。

しかし当然ながら、相手は完全ではない。なのに自分が完全ではないことを棚に上げて、きちんとやってくれない相手を責める。正しくないのは相手であって自分ではないという思いが、この面からも強化されているのだ。

⑤劣等感が強い

完全であろうとすればするほど、自分の欠点や不足している点ばかりが目についてしまう。

「こんなことではいけない」

と自分を責めて自信を失う。その原因は完全主義的思考にあり、完全さを求めるのをやめない限り、不平不満は増えていくばかりで、いつまでも心が安らぐことがない。

◉挫折感を共有しない

このタイプにはどう対処すればいいだろう？

①自分の悪い点については謝る

不平の中には、自分が気付かない問題点がある場合も多い。

ときどき不満を聞くことで、気を付けなければいけない情報が得られるかもしれない。

また、その中に、自分に落ち度がある点があったら、素直に謝り、改善できるところは改善する。一部は自分の責任だが、それ以外は相手にあると思えるときは、

「昨日のミーティング中、私あてにかかってきた電話が長かったことについて、おっしゃっているのですね？」

と話のポイントを確認し、それについては謝罪し、

「今後気を付けます」

という言い方をすれば、相手も納得し、同じ不満を何度も言われることはなくなるかもしれない。

②話を聞く

「あぁ、また始まったか」

と思っても、不平不満を聞いてあげよう。

聞くことで相手の鬱憤は一時的に晴れる。相手は、具体的に不満を解決してほしいというよりも、同調、共感してくれる人を求めているのだ。

ここがポイントだが、もともとあまり人気がないタイプなので、少し自分が浮いていることを気にしていることが多い。そのため、気軽に不満を言って人と共感しあう、盛り上がることも苦手なのだ。

ちょっと不満を言うだけで、自分はもっと浮き上がるのではとビクビクしているのがこのタイプだ。だからよけいに、聞いてくれる人をいつも求めているのである。

ダラダラと続く不平不満をじっと聞くのはしんどいが、ときどきでもそうしたはけ口がないと、相手のフラストレーションはさらに増幅していく。たまりにたまって、突然キレ始める恐れもある。

③理解する

人を理解するというのは、必ずしも相手に同意したり共感したりすることではない。相手が言ったことを理解し、どう感じているのかを知って受け入れることである。また、賛成することとも違う。

相手の言い分が事実とは違っていたり、自分のミスは棚上げして他人を責めているようであれば、事実関係を明らかにすることだ。その場合、自分の考えや意見より、事実を述べて確認をとるようにすること。

不平不満の中には、本題とはかけ離れたこじつけ、ごまかし、すりかえ、他のことに対する批判、言い訳などが含まれていることが多い。相手が悪かった場合、それを認めたくなくて、本題からそらそうとするかもしれない。

また、あることについての不平を言いながら、その中に本当の不満が隠されていることもある。聞きながら、何が根本の不満なのか、相手の真意を正確につかむようにしよう。

④問題解決策に切り替える

相手のあげる問題点について、解決できそうなものがあれば、解決策についての話題に切り替える。

このタイプの人は不平不満をこぼすだけで、提案も解決策も考えない。

解決策を探すために質問をしたり、一緒に考えたりすれば、相手も

「このままでは何も変わらない」

と、さすがに気付く。

それでも相手が、

「解決方法などどうでもいい。自分の話を聞いてくれる人が欲しい」

と感じるなら、あなたの前でこぼすのはやめて、別の聞き手を探そうとするだろう。

タイプ⑤

感情的すぎる人

――好き嫌いでしか判断できない理由

性格より正確さで対応する

⊙感情は拡大する

およそ論理性のない人というのが、世の中には意外に多いということは、残念ながら知っておかなくてはいけない。ビジネスを長年してきた人も、例外ではない。

すべてを好き嫌いで判断する人は、ワガママで精神的に未熟である。

プライベートの気の置けない集まりならまだいいが、会社の飲み会などで、

「嫌いな人とは、話しかけられてもしゃべらない」

「あの人は嫌いだから、一緒に仕事しない」

というのは当然ながら通用しない。

誰だって、できれば好きな人と仕事をしたいし、嫌いな人とは顔を合わせたくない。しかしそうはいかないのが現実だ。

「好き嫌い」の感情論でコロコロと言うことや行動が変わる人は、信用されない。人間は感情の動物ではあるが、感情をコントロールする動物でもある。当然ながら、社会生活では、後者がより強く求められるのだ。

そもそも、なぜ好き嫌いが生じるのか。

その要因をいくつかあげてみよう。

人間は誰しも、「自分の存在を認めてほしい」という欲求を持っている。それは、赤ちゃんがミルクを得るために泣き叫んで意思表示するころからすでに始まっているといわれる。

大人になっても、人間は、自分を認めてくれる人を求める。そして、学校や職場では、周囲の人たちは確かに自分の存在を認めてくれるようになる。

ただし、それは「認知」されることであって、自分の欲求を満たしてくれるかどうかは別だ。

たとえば、あなたの欲求が
「自分を肯定的に受け入れてくれ、かつ理解してくれること」

だとしよう。

同じ部署にいるAさんとは話が合わないが、隣の部署の先輩Bさんとは話が合う。互いにスポーツが好きで、考え方が似ているし、話していて楽しいと感じる。

好きな人、気が合う人というのは、考え方が似ている、一緒にいて楽しい、自分のことを分かってくれる、似たような考えや意見を持っているなど、自分にとって、何らかのプラスの要素を持っていることが多い。

そういう相手と一緒にいると、安心感を持てるし、自分のことを理解してくれているように感じて満足感を得られる。

それに対して、嫌いな人は、考え方や関心がまったく違うし、あなたの言うことに否定的で、反論してくる。あなたを見下すなど、マイナスの要素しか感じられない。その人と一緒にいても不愉快だし、警戒するばかりで疲れる。

このように、好きな人は自分の欲求を満たしてくれ、嫌いな人は満たしてくれない。

むしろ、自分の欲求の実現を妨げるような態度を示す。

人を好きになったり嫌いになったりするのはさまざまな要因が組み合わされた結果であることが多いが、好き嫌いの裏には、こうした要素も含まれている。

何かしらプラスを与えてくれる人のまわりには人が集まり、与えてくれない人には近づかない。

言い換えれば、あなたに好意を寄せてくる人は、その人の欲求を満たす何かをあなたが持っているからであり、あなたに対して嫌悪感を持つ人は、あなたが相手の欲求を阻んでいるのだ。

◉どこに線を引くか

こういうタイプには、どう対処すればいいだろう?

①嫌いな人がいるのはお互い様

自分に嫌いな人がいるなら、他の人たちにもそれぞれ嫌いな人はいる。

また、自分を嫌う人もいれば、自分を好いてくれる人もいる。

ある人から嫌われても、別の人からは好かれている。

相手に抱くマイナス感情は、誰かを自分の思い通りに動かそうとして、自分自身でつくり出したものである。

「あの人が嫌い！」という感情は、そう思っている人の気持ちの問題なのだ。

②ムリして好かれようと思わない

好かれようと頑張れば無理が生じる。

人を好きになったり嫌いになったりするのは、理屈ではなく感情が働いている。

「この人を嫌いになってはいけない」

と頭で考えても、翌日から好きになれるわけではないのだ。

③こちらから話しかけてみる

相手との関係にもよるが、毎日または定期的に顔を合わせざるを得ない相手なら、機会を見てこちらから話しかけてみよう。

相手が自分を嫌えば、自分も相手に嫌悪感を持ってしまうが、人を嫌うことはデメリットばかりで、いいことは一つもない。もしかしたら、互いに変な意地を張っているだけだったというケースも少なくないのだ。

こちらからあいさつしたり、話しかけたりすることで歩み寄る姿勢を示せば、相手もそのように接してくるだろう。

いろいろなことを話すにつれて、相手の意外な面が見えたり、長所を知ることにもつながる。いずれにしても、ぎくしゃくした関係より円満な関係でいるほうが、互いにとってもプラスであることは間違いない。

④反論を工夫する

人の顔が十人十色であるように、考え方や意見もそれぞれ違う。

反対意見を言わなければいけないときや、相手を説得するときは、言葉の選び方に注意しなければいけない。同じことを伝えるのも、言い方ひとつで相手に与える印象は違う。

それでなくても、反論されて気分のいい人はいない。

人は自分と意見の合う人を求めたがる。これは理屈ではなく本能だ。

自分に賛成・共感してくれる人には好感を持つが、反対する人には嫌悪感を抱く。

この傾向を、

「非類似＝嫌悪の法則」

という。

反対意見を言わなければならなくなったときでも、反論するだけでは、相手は聞く耳を持たない。

「それは違うでしょう」

「あなたは間違っています」

というように頭ごなしに言ったら、話を聞いてもらえるどころか、相手を怒らせてしまうのが関の山だ。

自分の意見を聞いてほしかったら、まず相手の話も聞くことである。相手が間違っていたとしても、間違いだと決めつけるのではなく、相手の言い分にも耳を傾けることが大切だ。

「おっしゃることはよく分かりました。○○については、私も確かにそう思います。ですが…」

とか、

「その通りですね。私個人の意見としましては…」

というように、いったん相手の言い分を聞いたうえで自分の意見を述べたほうがいいだろう。

自分の意見や考えを伝えることと、押し付けることとは違う。意見が食い違った場合は、相手の見方をも考慮し、少しずつでも歩み寄ろうとする姿勢を示す。相手の意見を聞いたうえで、自分の意見を述べるほうが、相手の自尊心を傷つけなくてすむだろう。

また、自分が間違ったことをしたときには、意固地にならずに謝ることのできる人は、人から信頼される。

⑤相手を否定・非難しない

意見が違う場合は、相手が間違っていると決めつけるのではなく、相手の言い分にも耳を傾けよう。

反対意見を言う場合は、

「ええ、分かります。ただ○○の点については…」

と、一度は相手の話を受け止める姿勢を示してから提示するほうが、受け入れられやすい。

デール・カーネギーは、著書の中で、

「人を扱う場合は、相手が論理の動物だと思ってはならない。相手は感情の動物であり、しかも偏見に満ち、自尊心と虚栄心によって行動することをよく心得ておかなければならない」

と述べている。

「えこひいき」をされたら

◉外にはじきだされるとき

「あなたもオランダのサッカーが好きなの？　私も！」

などと、初対面から互いに親近感を持ち、話が盛り上がることがある。

人は自分自身について最大の関心を持っている。だから、自分と似ている人を好きになる傾向がある。

出身地、出身校、趣味、嗜好、家族構成、生活水準、考え方、意見、思想、価値観など、似ている点が多ければ多いほど相手に親しみを感じ、好意を持ちやすい。

たとえば相手が同じサッカーチームのファンだと分かると、仲間意識を強くする。

また、その話をするのは楽しいので、会話ははずみ、相手に好印象を持ちやすいのだ。職場の中に好感を持っている人がいれば、その人のことは何かと気になるし、困っているときは助けたいと思う。親近感を抱いている相手の要望に対しては、受け入れやすくなる。一種の身内びいきで、つい甘くなってしまうこともある。

そもそも、こうした心理はどうして起こるのか。

二つのチームに分かれて草野球をやることになったとしよう。おそらく、あなたは自分のチームに声援を送るに違いない。

自分が属しているチームを「内集団」、相手のチームを「外集団」とするなら、人は内集団のメンバーに対しては肯定的・好意的な評価をするが、外集団に対しては否定的・批判的な評価をしてしまいがちだ。

自分のチームが勝てばうれしいが、相手チームが勝てば悔しい。内集団が勝つことは自分に利益をもたらしてくれるのに対して、外集団が勝った場合は不利益な結果にしかならない。

こうした傾向は、個人対個人、家族、親族、職業、組織内の派閥、スポーツ団体や芸能人のファンのグループ、宗教や政党、民族、国家間に至るまで、あらゆる場面で見られる。

人はある集団に属すると、そのメンバーと自分との間に一体感を覚え、メンバーの一員であるという意識を強くするのだ。

しかし、それはプライベートなことであって、仕事にまで持ち込むのは公私混同もいいところである。えこひいきをしたがるタイプの人は、好き嫌いが激しく、味方と敵をはっきり分けたがる人か、自分に自信のない人であるかのどちらかだ。

人は自分自身についてよいイメージを保ち、自尊心を高めたいという欲求を持っている。また、人から認められたいと考えている。

そのため、自分を受け入れてくれる人、自分を高く評価してくれる人には好意を持ち、自分を拒絶する人、自分を低く評価する人には嫌悪感を持ってしまいがちだ。

同じことを言われても、好きな人の意見は積極的に聞こうとするのに対して、嫌いな人の意見は素直に聞き入れる気にはなれない。

このタイプが上司や経営者になると、「裸の王様」になってしまう例が少なくない。

自尊心の高い人ほど、自分を高く評価してくれる人に好意を抱き、そうでない人には嫌悪感を持つことが多い。自分に反対意見を言う者は排除し、ほめてくれる者ばかりを近くに置きたがる。

昔から、上司に気に入られれば出世は早いと言われている。上司も人間なので、同程度の能力をもつ部下が二人いた場合、日頃かわいがっている部下を昇進させてやりたいと思うのは当然のことかもしれない。

だが、公私混同する人はプロ意識に欠けている。私情を入れすぎれば、いずれ周囲の人たちからも不満を持たれるだろう。

◉割り切るための2つのポイント

このタイプの相手にどう対処すればいいだろう?

①仕事の成果を上げる

相手がこちらを嫌っていれば、こちらも相手によい感情は持てないし、不公平と感じることも多いだろう。

相手が上司の場合、誰をひいきしようと、「仕事は仕事」と割り切って、自分の仕事を責任をもってこなし、業績を上げることを目標にしよう。

管理職でも出向を命じられたり、リストラされる時代だ。いつまでもその上司の下で働くわけではない。その間に業績を上げておけば、それは自分の評価につながるのである。

②反面教師にする

よい上司はお手本に、問題上司は反面教師にしよう。

ムリして好かれようとするより、

「世の中にはこういう人もいるんだ」

と参考にすればいい。

いろいろな人を見ることで、人を見る目も養われるというものだ。

タイプ⑥

陰険な人

――陰でひそかにあなたを窮地に陥れる

人間関係を壊されないために

◉悪口と攻撃性の心理

酒の席など、上司の悪口で盛り上がる光景は珍しくない。日頃のうっぷんを吐き出すことでストレスを解消し、一体感を持てるのだろう。悪口は決してほめられたものではないが、ある程度つきあったほうがいい場合もあるわけだ。

ただし、年がら年中、人の悪口を言っている人には、誰しも閉口させられる。

人は欲求不満が高まると、攻撃性が増してくる。直接相手にぶつける場合もあるが、間接的に相手を攻撃する場合もある。

悪口や中傷、悪い噂を流すというのもその一例だ。

アメリカの心理学者バスは、人間の攻撃的行動を、つぎのように分類している。

1身体的――積極的
直接的…殴る、突き飛ばすなどの暴力行為
間接的…人を使って暴力、脅しや嫌がらせをすること

2身体的――消極的
直接的…相手の行動を妨げることをする
間接的…命令や指示を無視する

3言語的――積極的
直接的…相手を非難したり、侮辱したりする
間接的…相手の悪口やゴシップを流す

4言語的――消極的
直接的…話しかけられても無視する
間接的…相手が窮地に陥っても、助けたりかばったりしない

このうち、攻撃行動が分かりやすいのは、直接相手を殴るなどの身体的攻撃だが、社会的に制裁が与えられる恐れがあるだけに、実際に暴力をふるうケースが少ないのは言うまでもない。

その代りに、いじめなど間接的に攻撃したりするケースが多い。悪口やゴシップもその一例である。

◉比較のないところに悪口はない

悪口の多い人にはいくつかの共通点がある。

①現在の自分自身に対して不満が多い

仕事や家庭がうまくいっている人は、人間関係もうまくいっていることが多い。逆に言えば、他人のアラを探し、陰でけなしたり批判したりする人は、仕事や家庭、人生がうまくいっていない。

自分に不満を持っているから、他人にも不満を持つのだ。

②嫉妬心が強い

嫉妬心はどんな人でも持っている。

嫉妬という感情は、相手が自分より優れていること、うまくいっていることを、頭では分かっているが、認めたくない場合に生じるものである。

フランシス・ベーコンは、

「嫉妬は常に他人との比較においてであり、比較のないところに嫉妬はない」

と言っている。

嫉妬は自分とほぼ同等の能力の人に対して抱くことが多い。あまりにかけ離れた相手に対しては向けられないのが特徴だ。

たとえば、すぐれた容姿や能力を持っている人に対しては、憧れることはあっても、自分が相手と同じようになれるわけではないことを知っているからだ。

一般に、若いころは競争意識が強くても、しだいに自分の能力を知り、また自分と他人との違いを認めることができるようになる。

しかし、他人を嫉んでばかりいる人は、常にだれかと比較し、相手が自分より上か、下かで判断する。同等だと思えば、やっきになって相手と張り合おうとする（実は同等ではなく、負けているのだが）。


相手の個性や考え方などに関心があるのではなく、優越しているかどうかにのみ関心があるのだ。


そして、自分より優っていると思う相手に対して、嫉妬し、非難したり、悪口・陰口を言ったりして、満たされない自分を慰めようとする。

相手を集団から孤立させることに成功すれば、

「勝った！」

と優越感を抱く。

しかし当然ながら、一時的なマスターベーション的な満足感は得られても、その人自身がよくなるわけではないので、不満はいつまでも解消されない。

③自己中心的な性格である

人より優位に立ちたい、自分が一番でないと気が済まないなど、自分が常に上であることを望んでいる。

自分よりも能力のある人、周囲に好意を持たれている人が小さなミスをすると、裏で相手をけなすことで、優位に立とうとする。悪口や中傷をするのも、自分が努力して実力をつけるより、他人を妬み、足を引っ張るほうが楽だからだ。

ちょうど、子供がおもちゃを買ってほしいと親にせがんで拒まれたとき、親をなじったりい叩いたりするのと同じようなものである。

こうした性格は、幼児期に形成されると言われている。子どものときに、親から一方的に怒られたり拒否をされたり、逆に溺愛されてワガママに育てられた人に多いといわれる。

親からバランスのいい愛情を受けて育った人は、自分を肯定的に受け入れているので、自分とは違う他人の性格も受け入れることができる。

嫌な人がいても、

「そういう人なんだな」

と思う程度で、悪口などの攻撃を仕掛けることも少ない。

⦿キラーワードは「本人に」

このタイプの相手には、どう対処すればいいだろう?

①適当に聞き流す

上司や同僚など、仕事がらみの関係では、悪口を耳にしたからといって、無視したり突っぱねたりできないのが悩みのタネだ。

実際、悪口や会社に対する批判は、お酒を飲む場所ではよく出される話題だが、利害関係が絡んでいるだけに、危険も大きい。かりにそれが事実だとしても、相手の考えに同意したり、自分の意見を言うのは控えておくのが賢明である。

そこにいるメンバーにもよるが、口の軽い人はどこにでもいる。うっかり同意して、あとでその人を通じて本人に伝わった場合、自分も一緒になって悪口を言っていたことにされかねない。言い訳は通用しないのだ。

ＴＰＯに注意し、自分の意見は出さないようにしたい。

②本人に直接言うようにうながす

直接本人に言わずに陰で言う悪口が陰口だ。

あまりに陰口が続くようなら、

「本人には言ったの？」

「本人がいないところで不満を言っても解決しないと思う」

というように、間接的に言っても何の効力もないことを伝える。

ただし、なかには、きちんと本人にも言っている人もいる。本人にも言う勇気や行動力もあるが、周りの意見も聞くために、本人のいない場面で口にしているといった場合だ。

ここを見極めずに、

「本人に言わなければ無意味」

と口走ってしまうと、優等生ぶった「上から目線」の馬鹿だと思われ、軽蔑されるので要注意だ。

なお、自分が誰かに不満がある場合も、直接本人に言うようにするのは、言うまでもない。

③悪口を言われている人の長所をほめる

悪口に便乗して、いいことは一つもない。

「まぁそうかもしれないけど、こういうところもあるよ」

「こういうところは見習おうと思っている」

と、長所もあげるようにすると、悪口を言い放題の陰湿な雰囲気から脱出できる。

また、あとで本人の耳に入っても、一緒になって悪口を言っていたわけではないことも伝わる。

もちろん、これを万能として振り回すのは危険だ。実際に問題がある点について相手が話している場合にもこれを言ってしまうと、ただの事なかれ主義の臆病な人間、問題解決などできない頭の悪い人間だと判断され、仕事のできる人から信頼されなくなる。

できる人は、その相手の「長所」などとっくに把握している。そのうえで短所について問題視しているのだから、

「こいつは俺を馬鹿にしてるのか」

と思われるのがオチだ。気を付けたいところである。

④悪口の多い人とは付き合わない

悪口をいつも聞かされている人たちは、

「この人は、私のいないところでは、同じように、私の悪口をあれこれ言っているに違いない」

と思うので、信用しなくなる。

ところが、類は友を呼ぶで、不満の多い人同士はすぐ仲良くなり、うまくいってい

る人を見つけては非難したり、悪口を言い合ったりする。

一緒になって悪口を言っている人は、その人が好きだからではない。嫌われると自分が悪口を言われるかもしれないから、しぶしぶ付き合っているだけだ。やがてはうんざりして離れていく。

その結果、他人の不幸を喜ぶ人だけが残る。

悪口を言い合うメンバーは、見下せる人、ターゲットになる人を常に探しているので、メンバー同士においても、お互いに見下し合っている。

一緒にいるときは誰かをけなして最高の気分だが、現実の自分がよくなるわけではないので、一人になると孤独を感じる。

それぞれ優越感を得るために、自分より劣っている人を友人に選んだだけで、実は互いを軽蔑し合っているのである。

このタイプと付き合っても、すさんだ気持ちになるだけだ。

⑤悪口や噂を伝えてくる人とは距離をとる

「○○さんが、あなたのことを悪く言ってたよ」

と、わざわざご丁寧に伝えにくる人がいる。あなたも言われた経験がないだろうか？

だまされてはいけない。こういう手合いは始末が悪い。

ほめ言葉を伝えられるならうれしいが、悪口なら誰だって不愉快になる。この手合いは、悪口を聞く場に居合わせて、そこでは何も言い返さず、本人にこっそり伝えることで、よい気分になるのだ。

第三者を通じて悪口が明らかにされると、言われた本人は不愉快な気持ちになり、悪口を言った人はそれを暴露され、事態をややこしくするだけだ。

悪口を言った人から見れば、内容を本人に伝えた人は、「密告者」「裏切り者」だ。

派閥争いや出世競争では、スパイまがいの方法を使って上司に密告する人もいる。現場を押さえられても平然としていて、自分は間違ったことは何もしていないと真顔で言い切る。同僚や仲間を裏切るのは正義のためだと言うが、出世や自己保身のためである。


人間関係を引っ掻き回すのが楽しくて、仲間を疑心暗鬼にさせ、つぶし合うのを二

ヤニヤしながら高みから見物している者もいる。

「あの人には用心したほうがいいよ」

と親切心から伝えに来たのだとしても、用心したほうがいい。

噂話の闇が迫ってきたら

◉ゴシップ好きの共通点

「ここだけの話だけどさ、課長、総務の女子と不倫してるんじゃないかって話になってるんだよ」

などと、酒の勢いも手伝って、調子に乗ってペラペラしゃべったことが、いつしか本人（課長）や噂の女性の耳に…。

人が集まれば、必ずといっていいほど噂話が流れるが、大半は悪い内容だ。そして、悪い噂ほど早く広まる。

「人の口に戸は立てられぬ」

という。

噂は根拠を確かめられることもなく、人から人へと連鎖的に伝えられていく。その間に尾ひれがつく。

人はなぜ噂話が好きなのだろうか。

①ウサ晴らし
噂話は、フラストレーション状態における攻撃的行動である。

相手に直接不満をぶつけられないので、悪口を言い合ったり噂話を流したりする。敵意を抱いている相手に対する攻撃反応の一種でもあるが、能力や容姿など、周囲から羨望を集めている人も、噂のネタにされやすい。

②退屈しのぎ
ゴシップ好きな人でなくても、私たちは多かれ少なかれ、他人の秘密をのぞいてみたいという欲求を持っている。

悪口や噂話は、退屈な人の好奇心を見たし、日常生活に飽き飽きしている人の身近で金のかからないストレス解消法だ。マンネリズムからの逃避ともいえ、スキャンダラスな噂ほど刺激的だ。昼間のワイドショーを見れば一目瞭然だろう。

③優越感

噂という情報を通して、送り手と聞き手が得られる報酬である。噂を伝えることで、金銭、評判、情報の供給をコントロールできる力といった報酬を受ける。

噂を流した人は情報通だと思われ、優越感にひたれる。

日ごろ不満を抱えている人々にとっても、悪いニュースを耳にすることで、優越欲求を満たすことができる。

④連帯意識が持てる

噂をする人と聞いている人たちとの間に共感や一体感が生まれる。

「それ、ホントなの？」

「そうらしい。○○さんにも聞いてみたら?」

など、噂が意見の一致を確かめる手段として用いられることも多い。

また、**具体的で明確な事実より、あいまいで抽象的な内容の噂のほうが早く広く伝わるという。**

事実を聞かされるだけだと「あ、そう」で終わってしまうが、結論がわからずあいまいであればあるほど、人は興味を引きつけられ、何通りにも推測できるからだと考えられる。

しかし、根も葉もない噂で社会的信用を失い、人生を左右されてしまうタイプの人もいる。噂話やゴシップは、目には見えない場所で広められているだけに、その背後は分かりにくい。

場合によっては、相手を失脚させるために人を使い、陰で操っている人がいることも少なくないのだ。

◉あいづちが危ない

このタイプには、どう対処すればいいだろう？

①悪い噂には便乗しない

噂が広まるのは、伝える人間がいるからだ。

中には、事実無根の内容で、それを口にした人の推測や願望にすぎないものも多々ある。

内容が面白いからといって、

「○○さんから聞いたんだけど」

「～らしいよ」

と他の人に伝えるのはまずい。

ゴシップ情報を伝えた人は、共犯者となる。下手をすると、噂を流した張本人にされてしまうかもしれない。

②聞き流す程度にとどめる

誰かが面白がって伝えに来ても、無表情で聞き流していれば、相手は手ごたえがなくて面白くなく、他の人に伝えに行くだろう。

他人の噂にはあまり関心がない人間なのだ、というスタンスを日頃から示しておくのが得策だ。

③近づかない

噂を流す人、噂が好きな人には距離を置き、ふだんから妙な関心を持たれないようにする。

こうした人たちと付き合いを続けると、他人に関する情報には詳しくなるかもしれないが、いつ自分もネタにされるかわからない。

プライベートなことはなるべく話さず、こちらからはできるだけ近づかないほうが賢明である。

ただし、噂好きは、相手が自分を避けていることに敏感だ。

下手をすると、

「私たちを噂好きな下品な人間と見ているようだ。エラそうに。上から目線の嫌なやつだ」

と思われ、格好のターゲットになりかねないということは頭のすみに置いておき、無用なストレスを抱え込まないように注意してほしい。

タイプ⑦

他人を支配したがる人

——あらゆる手で服従を求める人がいる

「心の聖域」をまず守ろう

◉ニセの親切を見破る

上司として部下を注意するときや、先輩として後輩に指導するとき、

「あなたのためを思って言ってるんだ」

「あなたのことを思えばこそだよ」

という言い方をしばしばする人がいる。

この言い方には、相手の立場に配慮しているように見せながら、自分の思い通りに動かそうとする意図が隠れている。人を操りたいときの常套句だ。

人は、多かれ少なかれ「相手を思い通りに動かしたい」という支配欲求を持ってい

る。この欲求の強い人は、相手をなにかにつけコントロールしようとする。そのために、何かを強要したり脅したりする。

それだけではない。相手の期待するような言動をとったりするのも「思い通り動かしたい」という心理のあらわれだ。そこには、自分の都合のいいように相手の行動を変化させようとする意図が隠されている。

よくいえば面倒見がよく世話好き。悪くいえばおせっかいで干渉したがる説教好きである。

他人に親切にすることは自己満足でもある。それを「相手のためにやっている」と思い込んでいるのがやっかいだ。裏側には、

「自分にも親切にしてほしい」

「自分を信頼してほしい」

という心理が働いている。そして、相手がその期待を裏切ると、信頼感や親切心が、憎しみに変わってしまう。

「あんなことをするとは思わなかった」

「友だちだと信じていたのに……」

というように「裏切られた」と感じるのだ。

だが、そう感じるのは、無意識のうちに相手からの見返りを求めていたからにすぎない。相手にとってよかれと思ってしたことでも、相手は迷惑に感じているかもしれない。そのことに対して鈍感なのだ。

恩や義理は、人間関係に不可欠である。しかし、押し付けたり、要求したりするものではない。なのに押し付けがましい言い方をして、相手からの過大な見返りを期待するのは、つぎのような要因があるからと考えられる。

・相手を自分の望む方向に変化させたい
・人から尊敬を得たい
・自分が他人より勝っていることを示し優越感を持ちたい
・自分に力があることを誇示したい
・劣等感を隠したい

・自分が常に正しいと信じている。

押しつけがましさは、顔見知り程度の関係ではあまり見られない。親子、夫婦、兄弟、友人、恋人など、親しい関係になるほど見られる。互いに遠慮がなくなるにつけ、いっぽうが他方に無意識のうちに押し付けがましくなっているケースが少なくない。

とくに支配欲求の強い人の場合、支配・服従の関係を求めがちで、相手を責めることが多くなる。

支配的な夫と一緒にいる妻が心の安らぎを得られず、長年ガマンを重ねたすえ離婚を申し出る例も多い。やっかいなことに、このタイプの人は、自分の言葉が相手の負担になっていることにも、恩を押し付けていることにも気づいていない。

◉「なぜ?」と責められたら

こういうタイプの人にはどう接すればいいだろう?

①相手の言葉を客観的に検討する

「あなたのため」

は、本当に自分のためになるのか考える。もしそうなら、参考にする。自分のためにならないと思ったら、取り入れる必要はない。

②自分の意思をはっきり伝える

相手の言うとおりにしなかった場合、

「なぜそうしなかったのか？」

と責めてくるだろう。

そのときは、あくまでも自分の意思で選択し、行動したということを伝える。それで相手が納得できないとしても、それは相手側の問題である。

過剰介入をシャットアウトするために

◉「イエス」に追い込まれるな

親切は、受け手の感じ方によっては、ただのおせっかいになる。

世の中には、人が困っているのを見るともう放っておけない性分の人がいるが、親切も度を過ぎればありがた迷惑なだけだ。

おせっかいはえてして、生活の細部にまで及んでくる。

家庭なら、料理や掃除のしかた、部屋の模様替えまでアドバイスされる。多めにつくったからと夕食を持ってきてくれたり、薬を買って届けてくれたりする。

夫婦ゲンカや子供の教育など私的な問題にまで首を突っ込んできて、

「何でも相談して」

と、精神的な依存関係をつくろうとする。

ここまでされると、ありがたくも何ともない。煩わしいだけだ。

本人は善意でやっているつもりなのでよけいに始末が悪い。遠まわしに断っても、このタイプには通じない。おせっかいがエスカレートする恐れがある。

人は、誰かに何かをしてもらうと、お返しをしなくてはならない気持ちになる。親切に対して恩義を感じ、相手からムリを言われてもむげには断れなくなり、それがイライラの原因になってしまう。

はっきりノーと言えない人ほど、ターゲットにされやすい。親切にされればされるほど心の負担が苦痛になり、そのうち相手の顔を見るのも、声を聞くのも嫌になるケースも少なくない。

人は感謝されることが好きだ。親切にしたり、困っている人を助けたりする自分に満足したい。相手から感謝されればうれしく、自分の存在価値が高くなったように感じる。

しかし、それを一方的に押しつけ、指示をするようになっては、相手は「いいかげんにしてくれ！」と言いたくなってくる。

このタイプには、次のような特徴が見られる。本当に親切な人とはしっかり区別して考えよう。

①支配欲求が強い

他人に手を貸すことで自分が優位に立ちたいと思っている。

「困っている人を黙って見てられない」

というのは、相手の力を認めていないことのあらわれだ。自分が相手をコントロールできると思っているのである。

②相手を見下している

「かわいそう」

という言葉をよく使う人は、相手を下に見ている。

「助けてあげる」

といった同情心も、自分が上という傲慢さから生じている。

③ほめられたい欲求が強い

「やさしい自分」、

「親切な自分」

をアピールしたいために親切にする。本当に親切な人は人の目を気にしないが、このタイプは人が見ていない場面では何もしない。

④同じ分だけ見返りがないと満足しない

「これだけしてあげたんだから、相手もこちらを助けるべきだ」

と思っている。感謝を行動で示さない人には、

「せっかく助けてやったのに」

「恩知らず」

「自己中だ」

「まだまだガキだ」

などと腹を立てることが少なくない。

また、腹を立てるまでの時間が短い。長く待てないのだ。

⑤現実の自分から目をそらしたい

自分の生活や仕事が充実している人の多くは、人間関係をうまく保てる。他人の問題にまで首を突っ込んでいる暇はないし、そんなことをあえてしようと思わないものだ。

しかしこのタイプは、

「みんなが幸せに！」

がモットーなのである。だから困っている人の話を聞いたり、相談に乗ったりして苦しみから救い出してあげようとする。


一見素晴らしい人格者のように思えるが、ごく一部の例外をのぞき、そうではない。

当人自身が幸福感をもって生きていることは少ないのだ。

人助けに没頭するのは、いま自分が抱えている問題や苦しみ、空虚感から目をそらしたい気持ちが働いている。

満たされない生活を送っていて、実際は人を受け入れる余裕がないから、世話の焼き方が過剰だったり、人助けのポイントがずれていたりする（「ありがた迷惑」はここから生じるケースが多い）。

⑦相手と一体感を持ちたがる

「世話を焼く、焼かれる」関係になることによって依存しあい、関係を深めようとする。

夫婦や親子ならまだしも、恋人でも友人でもない知人程度の関係で、おせっかいを焼きたがる人は、孤独や疎外感を抱いていることが多い。

誰かの役に立つことによって、自分が人から必要とされていることを確信したいのだ。

◉「仕切りたがり屋」への対処術

このタイプが上司だったら、どうすればいいだろう？

①仕事上でのつきあいと割り切る

このタイプの上司は、仕事の効率よりも人間関係を重視する傾向がある。仕事の話をしていたのに、いつのまにか脱線してプライベートなことを聞いてくる。

そんなときはさりげなく仕事の話題に戻し、個人的な問題については話さない。あくまで仕事上のつきあいと割り切り、礼儀やマナーにも気をつけて上下関係をスムーズにしておく。

②日頃の感謝をあらわす

「自分は善意で人に接している」

と思い込んでいるので、心配してくれたり、ねぎらいの言葉をかけてくれたり、多少の犠牲を払ってでも手助けをしてくれたりしたときは、感謝の気持ちをしっかり言葉にしてあらわすようにしよう。

お礼の一言がないと、相手はひどく気分を害する。

③頼りにしていることをアピールする

このタイプには「仕切りたがり屋」が多い。

仕事でわからないことはどんどん聞こう。張り切って教えてくれる点では、頼りになる上司だ（ただし能力があるかというと全く別問題なのだが……）。仕事では細かい報告を欠かさず、頼りにしていることをさりげなく伝えておくとよい。

このタイプは支配欲求が強いが、そういう人はおだてに弱い。なにかと持ち上げておくと、いざというとき、力強い味方になってくれたり、融通をきかせてくれるかもしれない。

④やんわりと線を引く

相手の親切が負担になったときは、それとなく境界線を示すことだ。

このタイプは、自分と他人の境界線があいまいである。

相手が一線を越えて口出ししてきたら、「けっこうです！」という強い否定ではなく、

「自分の力でやろうと思います」

というように、やんわり断ることである。

「ありがとうございます。でも、大丈夫ですから」

「それについては感謝しています。ただ、これについては、自分で何とかしたいので」

というように、「これはこれ、それはそれ」という区別を示すのも有効だ。

◉私的な悩みは教えない

このタイプが同僚だったら？

①プライベートな悩みは教えない

毎日顔を合わせていれば、互いにプライベートな話もするようになる。

しかし、このタイプには、個人的な悩みごとは打ち明けないほうが得策だ。聞いた時点で「助けを必要としている」と思われ、頼んでもいないのに口を挟んでくるかもしれない。

「悩みを話してくれた」＝「信頼されている」「好かれている」と思い込まれ、こちらのプライバシーにまで踏み込んでくる恐れもある。

しつこく聞いてきたら、当たり障りのない内容にしておき、プライベートでは距離を置くようにしよう。

②仕事でも線を引く

役に立つ助言や助力は取り入れ、それに対してはお礼を伝える。それ以外は、

「大丈夫、自分でできるから」

とやんわり断ったり、

「協力してほしいときは言うから、そのときはお願いします」

と線を引く。

◉アメの与え方

では、このタイプが部下だったら？

おせっかいな人は、自分のことはそっちのけで他人の世話を焼きたがる。

これは仕事でも同じだ。自分が忙しいのに、困っている人に手を貸そうとする。

目標達成やノルマをこなすことより、

「自分がその職場で人間的に必要とされているか」

「人から感謝されているか」

といったほうを優先しがちである。

公私混同する傾向も強く、仕事で求められている役割の自覚がない人が多い。

人の手助けに忙しく、自分の仕事は二の次になってしまいがちなので、しっかり管理し、人助けするようであれば、まず本人の仕事をやってからということを伝える。

また、つねに他人の評価に飢えているので、仕事がうまくいったときはほめてあげると、仕事に対する意欲も上がり、いらぬおせっかいに目を向けずに集中するようになる可能性が高くなる。

タイプ⑧

すぐ逃げる人

——言い訳と責任転嫁が身についた残念さ

相手が認めたくないものを攻略する

◉非の押しつけ先はどこ？

社会生活の中で、私たちは互いに助け合い、多少の迷惑をかけあって生きている。「迷惑をかけないように」と気をつけてはいても、どこかで何かしらの迷惑をかけていることが少なくない。こちらは迷惑をかけているつもりはないのに、相手は迷惑だった、ということもあるだろう。

原因はどうであれ、相手に迷惑をかけたと気づいた時点で、「申し訳ありませんでした」と謝ることは、社会人としてのマナーである。

ところが、迷惑をかけていると知りつつ謝らない人がいる。

それどころか、自分の非を認めようとせず、相手のせいにする。

人は誰でも「自分はなるべく傷つきたくない」と思っている。失敗したときに言い訳をしたり、他人のせいにしたり、

「自分だけでなく、みんなもやっている」

と責任を分散したりすることで、自分を守ろうとする。

心理学では、このメカニズムを防衛機制という。個人のプライドを保ちながら不満を解消することから、自己防衛機制とも呼んでいる。防衛機制は誰もが持っているが、これが強すぎると、人間関係がうまくいかなくなる。

人は欲求不満に陥ると、攻撃性が高まってくる。

アメリカの心理学者ローゼンツワイクは、人の攻撃性の傾向を調べて、ＰＦスタディ（絵画欲求不満テスト）と呼ばれる性格分類を行なっている。人が欲求不満に陥ったときに高くなる攻撃性をどう処理するかで、性格を見ようとするものだ。

攻撃性の向かう方向は、おもにつぎの三つに大別されるという。

①**外罰型**……自分以外の人やモノに向ける
②**内罰型**……自分自身に向ける
③**無罰型**……自分にも人にも向けず、ごまかす

たとえば仕事でミスをしたとする。

外罰型の人は、ミスの責任を、

「上司の指示が悪い」

「十分な時間がなかった」

というように、自分以外の対象になすりつける。

「聞いてません」

「私は言われたとおりにしました」

と開き直る人もいる。要は、

「こうなったのも、あいつのせいだ」

「運が悪かった」

「あのとき、あの人があんなことさえ言わなければ……」

などと、何かにつけて自分以外のせいにしたがるのだ。

うまくいかなかったのは、いつも自分以外の、上司、同僚、部下、家族、友人・知人、社会の環境や運のせいなのだ。都合の悪いことはすべて誰かのせいで、自分が悪いとは思わない。

内罰型の人は、その逆だ。失敗を自分のせいにする傾向が強い。自分が悪くなくても、自分のせいだと感じてしまう。「どうせ私が悪いんです」といったあきらめの心境に陥る。結局は自分を責めることだけで終わってしまい、何の解決にもならない。

内罰型の人はまじめで責任感の強い人に多く、こうした傾向が強すぎるとうつになりやすいと言われている。

外罰型は、自分は傷つかなくてすむが、原因や問題解決から目をそらしているので、また同じ失敗を繰り返す危険性が高い。反省することもないので進歩もない。

◉「原因は誰？」と問おう

このタイプが上司だったら、どう対処すればいいだろう？

①責任の所在を明確にする

部下や後輩、取引先など、立場上弱い相手に責任をなすりつけるケースが少なくない。だからといって、

「それは部長が悪いんじゃないですか」

「どうして人のせいにするんですか？」

と相手を責めると逆効果だ。人格を否定され、バカにされたと激高する人もいる。

たとえ相手に非がある場合でも、責めるのではなく、問題の原因を明確にさせるといったスタンスで話を進めていこう。原因は誰に、どこにあったのかを質問し、確認するかたちで考えてもらう。冷静に筋道立てて話し、まずは事実関係や責任の所在に

ついて明らかにしていく。

②提案のかたちで相手に非を認めさせる

「課長、限られた時間で仕事の量が多い場合、どうすればいいのでしょうか」

と質問し、相手がムリを言うようであれば、現実的、物理的に考えてもらう。

たとえば、

「仕事が多すぎるとすべてが中途半端になってしまいがちです。それについて、課長はどうお考えでしょうか」

と質問する。

「あなたの能力不足だ」

と言われたら、仕事の完全な達成がどれほど困難か、一つひとつこなしていくほうが成果につながり、評価も上がるなど、自分の意見を述べるのもいいだろう。結果的に相手にとってもプラスになることがわかれば、相手も考えざるをえなくなる。

では、このタイプが同僚だったら？

原因の所在について、皆の前で明らかにすることだ。

あなたに責任を転嫁してきたら、原因の所在について、みんなの前で明らかにしよう。

相手は、自分の行動を正当化するために強く自己主張をしたり、言い訳をするかもしれない。そんな態度が見えたら、妥協せず、言い返す。そこでうやむやにしてしまうと、

「自分のせいにされても、文句の一つも言えない弱虫」

と、相手は判断するのだ。こうなったらますますエスカレートするのは目に見えている。

ただし、言い返すときは、「原因はあなたにある」とストレートに言うより、

「原因は誰にあるだろう？」

といった疑問形を使ったほうがいい。ストレートに言うと、相手は攻撃を自分に向けられたと感じ、それが図星であればあるほど感情をぶつけてくるからだ。

降りかかる火の粉はその場で払う。そこで妥協してしまうと、よけいな火の粉まで降りかかってきて、相手に利用されるだけの人間になりかねない。

◉「長いクギ」を探す

このタイプが部下だったら?

クギを刺しておくことだ。

部下が同僚に責任をなすりつけていそうなら、まずその同僚に確かめる。両者の言い分が食い違うこともあるが、それぞれの表情やしぐさを観察していれば、嘘やごまかしはわかるものだ。

人は、後ろめたいとき、口を濁したり、語尾があいまいになったり、その話を避けたりしたがる。会話中の相手の反応に注意し、相手がしどろもどろになったり話題を変えようとしたら、質問をくり返そう。

素直に謝らず、自分の非を認めない人は評価が下がり、信用を失い、長い目で見ると損をすることになると伝える。

また、目先の評価や損得を優先しがちな人は、大局的、中長期的な視野に欠けている。それを続けると結果的にどうなるかといったことも付け加えるといい。

もしも相手が自分の非に気づいていないようであれば、それを説明し指摘することで、相手は自分に非があることに気づくだろう。

教える立場に立つという護身術

◉ミスの認め方を見よう

言い訳もまた、自己保身による責任転嫁である。「ミスで責められたくない」という気持ちが働いて、つい言い訳をしてしまう。

自分の失敗や好ましくない行為をごまかしたり、自分以外のせいにして正当化すればプライドは保たれる。しかし、その場を取り繕えても、まわりの人はよく見ているものだ。すぐに責任を転嫁しようとする人、言い訳の多い人は、自己責任能力の欠けている人として信用されない。

自分のミスを認める場合と認めない場合では、その後の仕事や人間関係にどう影響するかを調べた実験がある。

ミスをしてすぐに謝った場合と、謝らずに言い訳をした場合では、それを聞いた人の印象がどう違うかを調べた。その結果、すぐ謝った前者は好感を持たれたのに対し、後者はマイナスの印象しか持たれなかった。

一口にミスといっても、偶然なのか故意なのか、予見できたかできなかったかなど、いろいろな種類がある。だが、どんなミスの場合も評価されるのは、その時の姿勢である。

理由はどうあれ、相手に迷惑をかけてしまったことでは同じだ。謝ったうえで理由を述べ、「わざとではない」ことを伝えた方が、与える印象は格段に良くなる。くどくど言い訳をする態度がマイナスの印象を持たれるのは、言うまでもない。

アメリカの心理学者ドッジは、子供たちを対象に、つぎのような実験をしている。

被験者の子供にジグソーパズルをやってもらい、完成間近になったところで、隣の部屋に呼ぶ。その合間に、別の子供（サクラ）がそれをひっくり返す。被験者の子供がどんな反応をするか調べたのだ。

被験者の子供をＡＢ二つのグループに分けた。そしてサクラの子供は、パズルをひっくり返した理由を、Ａグループには、

「手伝うつもりだったのが、誤ってひっくり返してしまった」と話し、Ｂグループには「わざとやった」

と言った。

被験者の子供たちの行動を観察したところ、両グループとも、パズルをひっくり返されたことに対しては腹を立てたが、Ｂグループの子供のほうが、サクラの子供に対する怒りは大きかった。中にはサクラに仕返しをする子までいた。

被害は同じでも、偶然、またはアクシデントで迷惑をこうむった場合は、「謝っているのだから仕方がないか」という気にもなるが、故意にした確信犯とわかれば怒りや不快感が増すのは当然だ。

言い訳や責任転嫁の多い人は、自己保身が強く、小心者である。自信がなく、常に他人の目を気にしていて、ビクビクしている神経質な性格だ。

傷つきたくない、嫌われたくないという気持ちが強いため、取り繕うことに終始す

るのである。

◉言い訳の矛盾を解いていく

このタイプが上司だったらどうすればいいだろう。

矛盾を解いていくことだ。

問題が起きれば、このタイプの上司は言い訳をするだろう。

それに対して、

「それは言い訳でしょう」

などと指摘しようものなら、相手はさらに言い訳を重ねてくるのがオチだ。責任を逃れるためなら、どんなことでも言い訳にしてしまう。責められたくないために口から出まかせを言ったり、とっさに嘘をつくこともある。論理的な整合性などおかまいなし、あえてわけのわからないことを言い出して煙に巻こうとする輩も珍しくない。

本人にしてみれば、その場をうまく取り繕うことができればいいのだ。しかしごまかせばごまかすほど話がちぐはぐになってくるので、対処するほうは大変になってくる。

そこで、相手が言い訳をしてきたら、とりあえず言い分として聞く姿勢を示そう。そのうえで、相手の言っていることの矛盾を解いていくといい。

「あのとき、課長はこうおっしゃっていましたよね？」

「それを伺ったうえで、私はこうしたのですが」

というように、一つひとつ確認していくのだ。

相手がごまかしたり知らぬ顔をしようとしてもあきらめず、マナーを守りながらも毅然と、質問する。関係ない話題に切り替えようとしたら、同じ質問を続け、返答があるまで無言で待つと良い。

◉具体策をうながす

このタイプが同僚だったら？

相手に非を認めてもらうことだ。

迷惑をかけられたら、その原因はどこにあるかを質問してみる。それでも相手が謝ってこない場合は、自己保身が強く責任感のない人として、それなりに接すると決めることだ。


ではこのタイプが部下だったら?

具体的な改善をうながそう。

つじつまの合わない点をついていき、相手に改善をうながすのである。

「遅刻しないように再三言ったはずだが、遅刻しないためにどんなことをしているのかな?」

というように、具体的な努力をしているのかを質問しよう。

タイプ⑨ どうしてもなじまない人

——「とにかく嫌い」の背景にあるもの

がまんは無用か、少し必要か

◉それでも理屈では割り切れない

誰かを好きになるという気持ちは、理屈ではなく感情である。嫌いな人に対する気持ちも、理屈では割り切れない。

好きな人がいれば、嫌いな人がいるのは自然だが、では、なぜその相手が嫌いなのかというと、自分でもよくわからないのが普通ではないだろうか。

嫌いというより、ウマが合わない相手、相性の悪い相手なのかもしれない。

たとえば、知人が偶然旧友と再会したときの話をあなたにしたとする。

「学生時代よりも素敵な感じになっていて、意外だった。人は変われば変わるものなんだね」

と。それを聞いたあなたは、「へぇ」と興味深く聞くか、「それって、なんか嫌味みたいだな」と疑うかもしれない。

同じことを言われても、受け取る側によって印象や解釈は違う。親しい人や好意を持っている人、ウマの合う相手が言うことはそのまま聞けるのに、ウマの合わない相手が言うと、何気ない言葉でも、疑ったり、マイナスに解釈したりしがちだ。

そして、こちらが相手を苦手だと思っていると、相手も同じようにこちらを避けるようになったりする。人は、相手との好悪感情のバランスを、常時気にかけているものである。

一方が「気に食わない人」と感じると、他方もそう感じるようになる。自分に好意を持つ相手は好意を抱く傾向があり（好意の返報性）、自分を嫌ったり、悪く評価したりする人に対しては、嫌悪感を持つ傾向があるからだ（嫌悪の返報性）。

「あの人は嫌い」

「どうもいけすかない」

「なんかヤだ」

という感情を持つと、その相手との接触を避けようという気持ちが働く。

会いたくなければ会わなくて済む相手ならいいが、相手が上司や職場の人となると、毎日顔を合わせざるをえないだけにやっかいだ。会社を辞めればその問題は解決するだろうが、そう簡単にはいかないのが現実である。

相手が直属の上司など、自分より立場が上の場合は、嫌でもこちらが合わせる立場である。うわべは相手を立てて忠実な部下を演じているが、不愉快な相手と毎日接しているのだから、ストレスはたまるばかりである。

そうしたがまんにより生じている被害者意識によって、相手に対する嫌悪感や苦手意識は少なくなるどころか、増していく。

「坊主憎けりゃ袈裟まで憎い」

という言葉があるが、いったん嫌いになると、相手の欠点ばかり目についてしまい、ますます嫌悪感が増してくる。

会話では、うまく話を合わせているつもりでも、苦手意識を持っていると、相手のささいな言葉や行動がカチンときたり、ちょっとしたことからケンカに発展してしまったりする。

おそらく、それが相性の良し悪しというものなのだろう。

好きの反対は嫌いではなく、無関心だ。

何の関心もない相手が何を言おうが、どうしようが気にもとまらない。

好きと嫌いの共通点は、どちらも相手に関心があることなのだ。なぜか相手の言動が気になってしまうのは、それだけ関心を持っていることの裏返しともいえるのである。

◉ときには違う一面をのぞくと？

どうしても好きになれないタイプの相手には、どう対処すればいいだろう。

①気分を落ち着かせる

カチンとくるたびに言い返していたら、相手もまた言い返してくるだろう。

相手の言ったことに対して不快感を持った場合は、すぐには言い返さず、その言葉の真意を考える。

あなたの怒りをあおるために意図的に言ったのか、何気なく言った言葉なのか。

「目には目を」で、感情のまま攻撃的な口調になったら、水かけ論になるだけだ。互いにムダな時間やエネルギーを使うだけである。

②食わず嫌いになっていないか

嫌いな人というのは、実は性格や態度の一部についてであって、全部ではない。

しかし、

「とにかく嫌いだ!」

と思い込んでしまうと、その人のすべてにマイナスの感情しか働かなくなる。

一般に、人は好きな人の長所を好きになり、嫌いな人は短所を嫌いになる場合が多い。どんな人でも、長所と短所は持っているが、好きな人はよいところばかりが見え、嫌いな人は欠点だらけという判断をしてしまいがちだ。

人は自分のモノサシで相手を判断し、それが正しいと思い込んでいることが少なくない。

ものごとを判断するモノサシを「認知的スキーマ（枠組み）」と呼ぶ。

嫌っているのは相手の性格や行動傾向のごく一部なのに、「嫌な性格」「嫌な人」というイメージに結びつけてしまうのも、このスキーマが働いているからだ。

嫌いな人について話すとき、

「初対面から気に入らなかった」

「最初から虫の好かないやつだと思っていた」

と言う人は少なくないが、「食わず嫌い」のようなもので、相手のごく一部しか見ていないことが実は多いのだ。

赤いサングラスをかければ、何もかもが赤く見えてしまうように、嫌いな相手も、一つの対人スキーマ通りに見えてしまう。

「あの人はどうも苦手だ」

と思ってあまり近づかなくなると、相手のほうでも苦手意識を働かせ、互いに避けようとするため、長所を見つけるのがさらに困難になる。
これでは悪循環である。

③相手の他の面も見るようにする

相手にも苦手な人、不得意な分野がある。

そして、こちらが苦手意識を持っていれば、相手にもそれは伝わる。苦手だという先入観を捨てて、相手の違う面にも目を向けてみよう。

第一印象の悪い人でも、話をしてみると、意外と気さくだったり、優しいところがあったりする。ときにはこちらから話しかけてみよう。

嫌いな人、苦手な人と会話するときは、できるだけ相手との共通点を探すことだ。趣味やスポーツ、テレビの話、子供のころの話…何かしら共通点を見つけて、そちらに話題を向けるといい。

④相手を反面教師にする

苦手な人は反面教師にすることで、自分について振り返るさいの参考になる。

また、苦手な人間こそ自分を成長させるという面もある。苦手な人が多い人は、人間関係の選択肢を狭めてしまう。

「好き嫌い」の感情をうまくコントロールして、マイナスからプラスに切り替えることが大切だ。

ニセの仮面をはがすべきか

◉自分と似た人を避ける心理

学生時代、人気者だった人がいるはずだ。

人に好かれる人は、何につけても得である。才能や努力も大切だが、それを認めてくれ、引き上げてくれるのは周囲の人たちだ。だから職場でも、人に好かれること自体、実は大きな才能なのだ。

では、人はどんなときに、どういう理由で、人を好きになるのだろうか。

ある雑誌のアンケートで、「同性、異性から好かれる人、嫌われる人」についての調査が出ていた。

それによると、男女とも好かれる性格特性は、

「明るい人」

「さっぱりしている人」

「優しい人」

「思いやりがある人」

「話が合う人」

「誠実な人」

であった。

また、嫌われるのは
「嘘つきな人」

「自己中心的な人」

「不潔な人」

「暗い人」

「上から目線の人」

だった。

好かれる性格特性のすべてを備えている人はいないだろう。かりに、多くを持っている人がいたとしても、すべての人に好かれるわけではない。

たしかに、明るい人はその場の雰囲気を明るくするので好感を持たれやすいが、いつもハイテンションな人と一緒にいると疲れると感じる人もいる。

また、優しい人といっても、何を優しさと感じるかは人によってかなり違う。

表面上は優しいふりをしても冷淡な人はいくらでもいるし、ふだんはぶっきらぼうでも、気持ちは優しい人も意外に多いのだ。

さらに、十人のうち八人に好かれるような人を嫌う人が、一人か二人は必ずいるものだ。

だから、人間関係はおもしろいのである。

心理学では、相手を嫌う心理の裏には、つぎの二つの要因があると考えられている。

①自分と共通する嫌な面を持っている

②自分には手に入れられない面を持っている

①は、相手の短所が自分に似ている場合だ。

自己防衛機制の一つに、

「投射」

と呼ばれるメカニズムがある。

たとえば、見栄っ張りな人を見ているとムカムカする人がいたら、その人もまた見栄っ張りな部分を持っているのだ。自分をよく見せたいが、見栄を張りたい欲求を抑圧している。見栄っ張りな人を見かけると、自分の願望や欲求をそこに投影させてしまうために不愉快になる。

投影にはまた、自分が持っている欠点を相手も持っていると考え、それを見つけて非難するケースもある。

浮気性の男性ほど、娘が年頃になると異性関係に厳しくなり、

「男はみんな下心しかないんだから信用するな」

と口やかましくなるのが典型例だ。自分が持っている要素だからこそ、そこに執着してしまうのだ。

ユングは、これを「影（シャドウ）」と呼んでいる。

シャドウは、自我が形成される過程で抑圧・否定された人格、無意識の中にある未熟な形の「もう一人の自分」だという。シャドウは夢の中に出現することもあるが、なんとなく嫌いな人や苦手な人の姿を取ってあらわれるケースもあるという。

「やることなすこと気に入らない」

「近くにいるだけでイライラする」

「同じ空気を吸いたくない」

と思う相手こそ、あなた自身のシャドウであり、自分の嫌な面を相手に投影しているのかもしれない。

実は自分と同じ欠点を持っていて、その嫌な面を認めたくないために、

「この人は人間的に問題がある」

「性格が悪い」

と決めつけ、アラ探しをし、怒りや憎しみの感情を相手に向けていることもある。

◉遠慮のなさが快い

あなたのまわりにいる人たち、過去に嫌いだった人の顔を思い浮かべてほしい。

その人たちはどんな性格で、どこが嫌いだったのだろう？

嫌いな相手についての分析をしてみることで、自分自身の短所や、ふだん何を抑圧しているかに気付くかもしれない。
②の、自分にないものを持っている人が魅力的に見えるのは、「ああいう人になりたい」とあこがれている場合が多い。
そのあこがれの延長線上にあるのは、嫉妬心である。

職場の人気者で、上司からはかわいがられ、女性からもモテるというように、いいところづくしに見える相手には、ふつうの人は、

「気に入らない」

「あいつばかりが良い思いをしている」

という嫉妬の感情が湧き起こるのだ。


どうしても好きになれない相手への対処法は、どんなものだろう。

人を嫌うことにもメリットはあると考えよう。

好きな人には、嫌われまいと思うと反対意見は言いにくい。

だが、嫌いな人なら遠慮なく言うことができる。会議などでは、相手との関係を壊したくないという気持ちが働くが、嫌いな人や苦手な人には遠慮なく議論できる。

また、相手を反面教師にしたり、刺激を与えてくれる人と割り切れば、自分にとってプラスになるはずである。

タイプ⑩ やっかいな人

——子どもの精神状態から抜け出せない理由

恐れられている人

⦿あまのじゃくは何の裏返しか

世の中には、「ヘソ曲がり」「あまのじゃく」と呼ばれるタイプの人がけっこういるものだ。まわりが「好き」と言えば、

「嫌い」

「どうかな」

「微妙だよね」

と言い、「嫌い」と言えば、

「良い面もある」

「悪いところばかりとも言えない」

「〇〇よりははるかにマシ」

などと言う。わざと相手や周囲と逆の言動をしたがる。

仕事の面でも問題行動がある。気に入らない上司の下では仕事をごまかしたり、わざと仕事をしなくなったり（さぼったり）するのだ。理由もなしに口論を始め、他人を批判する。注意されるとふてくされたり、無視したりする。職場の雰囲気を壊すことはなはだしい。

このタイプは「危険人物」的に思われ、誰も近づかなくなる。弁も立ち、頭も良い人が多いので、「さわらぬ神にたたりなし」と恐れられているのだ。

逆に言えば、能力には一目置かれている場合が多い（能力もなければただの「勘違い男（女）」として一喝されて終わりだろう）。

ニヒルというと格好いいが、実際は、感情表現が苦手なのだ。

いつも心のどこかに、自分が誤解され、嫌われている、煙たがられている、嫉妬されている、不当な扱いを受けていると怒っているふしがある。もともとは穏やかな、賢い優等生タイプだった人が多いようだ。感情表現が得意でなくても、学校では教師に、家庭では親から「良い扱い」を受けていたので、特に感情表現などする必要がなかったのである。

「○○君は、いつも百点だね」

「○○は、お母さんに言われなくても勉強する良い子だね」

などと常に賞賛され、強い立場の人が権威を保証してくれたのだ。

しかし社会に出たらそんな権威は誰も与えてくれない。仕事で業績を上げても、人望がなければ足を引っ張られ、ひどい場合には上司から嫉妬されて左遷される（こういうことは、実は社会では日常茶飯事だ）。左遷までいかなくても、周囲から浮き上がって仕事がしにくくなる。

いっぽう、仕事は結果が出るまで努力するのが当たり前だと思っているし、実際にそうしてきているが、まわりには努力が足りない人が多い。同僚たちは「あいつも頑張ってるから」などと言うが、自分には甘えにしか見えない——こんなふうに感じているケースが多いのである。

それだけに誤解されやすく、集団生活では損をすることが多い。
普通、人間は、よい言葉には喜んで耳を傾け、自分を好意的に評価してくれる相手には好意を持つ。しかしこのタイプは、相手に好意を持っていても素直に表現できない。人となにげない雑談をすることが苦手だ。
心の中では周囲の人たちとうまくやっていきたいのに、つい反対の行動をとってしまうのだ。

◉論点をずらしてきたら？

このタイプにはどう対処すればいいだろう？

①筋道立てて話す

このタイプは独自性欲求が強く、他者とは違う自分の姿を追求する傾向が強い。そのため、人に命令されることが嫌いだ。特に、実力のない人間に、権威を使っての指図をあれこれされると強烈な拒絶を示す。また、型にはめられることを嫌い、変わり者と言われることを好み、個性や自由を尊重する。

だから、

「みんなもそうしている」

「こうしてくれないと困る」

という言い方は逆効果だ。

「みんな」など、ただの個性の弱い、右にならえしかできないくせにそれを「空気が読める俺」「協調性ある大人な俺」と思っている残念な人間としか思っていない。論理的に、なぜそうする必要があるのかを筋道立てて話せないと、説得はできないだろう。

すでにお察しと思うが、上司としては、このタイプは何かとやっかいだ。しかし他の人間が遠慮して言えないことをズバッと指摘してくるのもこの人だ。イエスマンばかりで沈む組織にしないためにも、ただ煙たがるのは得策ではない。

また、このタイプは上司の力量もよく見極めている。自分がやっかい者と思われていることなど百も承知である。保身を決め込む上司には、場合によっては弁護士や公的機関を巻き込むなど、いくらでも次の手を繰り出してくるだろう。

逆に、取り入れるべき意見は取り入れる上司には一定の信頼を寄せ、仕事の上では有能な部下として機能しようとするだろう。能力的・人格的に尊敬するに足る人間だと思えば、実に素直に尊敬するのがこのタイプだ。

②裏を読む

このタイプにイエスと言わせたい場合、逆のことを言う手もある。

「これは今じゃなくていい」と言うと、禁止されたことに反発して、すぐにやってくれることがある。

「ダメ」と言われるほど、そちらに関心を示すことがある。「忙しそうだね。これはできるときでいいから」「気長に待ってるから」と言えば、相手の関心がこちらに向く。

③言いたいことを確認する

「あなたの言いたいことは、こういうこと？」

「○○したいわけ？」

と、相手の趣旨や気持ちを確認しながら話す。

④よいところをほめる

このタイプは、心の中では

「人に好かれたい」

「認められたい」

と、強く願っている。しかしそれをストレートに出してしまうと、笑われたり、バカにされるのではないかと不安を感じる。認めてほしいと思いつつ、ひねくれた表現しかできない。他人には無関心という態度を取りつつ、常に他人の目を気にしている。

素直になれないのは自信のなさの裏返しなのだが、ひねくれた態度を見ている人たちは、「疲れる人」「扱いにくい人」として近づかなくなるため、ますますひねくれて

しまう。

だから、長所をほめてあげると気分をよくして、面倒なこともやってくれたりする。ほめたからといっても、ストレートに喜ぶ感情は出さず、「フン」といった態度で聞き流すフリをしがちだが、内心ではかなり喜んでいるはずだ。

世の中には、喜んでいる表現が表に出る人と、出ない人がいるのだ。笑ったり、口数が多くなったりせず、無表情なのに、内側でじわじわと喜びをかみしめている人というのがいるのである。

ためしに二、三回ほめて、態度を観察してみるといい。他の人には相変わらずへそ曲がりな態度をしていても、あなたに対する態度は少しずつだが正直な表現に変化してくるはずだ。

⑤ほめながら注意する

「あなたがやったことは、センスがすごくいい。ここをもう少しこうすれば、もっとよくなると思うんだけど」

というように、相手のプライドを傷つけない言い方をすると、相手もやがては心を開き、素直になるかもしれない。

⑥素直でないことはデメリットにしかならないことをほのめかす

人は、好意的に接してくれる人には好意を持つが、拒絶的・閉鎖的な人には嫌悪感を抱く。狭量でひねくれた相手には、それが損になってしまうことを客観的に気づくように仕向けたい。

そのためには、直接ではなく、

「こういう人がいるんだけど」

というように、第三者に例えて話すほうが効く。

⑦先手を打ってダメージを最小限に抑える

あまのじゃくと似たタイプに、知ったかぶりをする人がいる。

知識をひけらかして余計な口出しをするのは、注目されたい願望が非常に強いからだ。

皮肉や嫌味を言ってきたら、周囲の人たちの注意を相手自身に向けるようにすると撤退する。

相手が屁理屈を言ってきたり、会話の流れを止める反論をしてきても動じないことだ。都合が悪くなると論点をずらすのもこのタイプの得意技だが、話がそれてきたら元に戻そう。反論の余地のないデータを使って説明すると、相手はグゥの音も出ず、黙るしかなくなるはずだ。

自己評価が高すぎる人

◉自尊心の低さを埋められない

自己顕示欲が強いタイプが、あなたのまわりにもいないだろうか。日本人の「謙譲の美徳」をおよそ持ち合わせていない人だ。

このタイプは、自分を誇大評価、過大評価している。実力もないのにエラそうな人間は、実力よりも高く自分を評価しているのだ。

まともな大人は、自分がどの程度の人間か、ある程度正しく認識している。だからそれに応じた言動をする。新入社員なら新入社員にふさわしい、課長なら課長にふさわしい振る舞いができる。実績を上げている稼ぎ頭は、それを当然自覚しつつ謙虚に振る舞い、実績のない者はそれなりの言動を心がけるようにしている。
しかし、能力や実績がないのに、エースかのような言動を平気でするのがこのタイプなのだ。

このタイプは、自己愛と自意識が異常に強く、「自分は特別。他の冴えない人とは違う」と思い込んでいる。

なぜ能力も実績もないのにそう思い込めるのか、まわりは首をかしげるばかりだ。「あの自信はどこからくるんだろう？」と、まるで宇宙人を眺めるような気分になる。

しかしこの思い込みにも、背景がある。過去の人生で、自分が中心になれたことがあるのだ。家庭や習い事の教室、学校などで、相対的に一番だったのである。

「兄弟姉妹の中で、一番勉強ができた」
「ピアノ教室で、一番うまかった」
「クラスで一番、先生に気に入られていた」
などだ。

お気づきの読者も多いと思うが、「相対的に」がポイントだ。偏差値50でも、相手が45なら一番なのである。まともな人は、客観的な自己評価を身につけていく。世の中には偏差値70の人がいる。自分は井の中の蛙だったとどこかで恥ずかしく思い、謙虚さを身につけるのだが、このタイプはそれがないまま人格形成がされてしまった、気の毒な人である。

だから何歳になっても、過去の人生で一番心地よかったときに形成された、「常に自分が中心。まわりの人たちは、自分のために存在している」という認識パターンを持ち続けている。そのため、自分が優れていることを強引に、根拠などなくても声高にアピールし、注目され、礼賛されることを何よりも好む。

注目を浴びるためなら、過去の話を誇張して聞かせたり、自分を悲劇の主人公に仕立て上げ、他人を悪役にするなど平気だ。

このタイプが最も恐れるのは、

・黙殺・無視されること
・他人（特に同性）が注目されること

・「あなたは実績も実力もないじゃないか」と、人望ある人に指摘されることである。

とりわけ、他人が高い評価を得たりすると、その人を無視したり、陰で悪い噂を立てるなどして足を引っ張ろうとする。自分の利益のためなら手段を選ばない。他人を不幸に陥れようが、そんなことはお構いなしである。

こういう自己愛人間は、一見すると社交的で華やかだ。声が必要以上に大きい人が多く、なぜ電話でそんなに大きな声を出すのかと周囲は訝る。女性の場合は甲高いキンキン声の人が多いのが特徴だ。組織のリーダーなど「自分を称賛してほしい人」に取り入ることにも躊躇がない。堂々とお世辞を言い、周囲をあきれさせる。

他人に関心を示さず、自己中心的で、他人の気持ちに共感したり、思いやるといった気持ちは持ち合わせていない。とにかく自分のことしか頭にないので、他人の行動など気にしない。

このような心理は、ギリシア神話に出てくる美少年ナルシスの名にちなみナルシシズムと呼ばれている。

ナルシスは水の妖精からの求愛を断った。それを知った復讐の神は、少年に罰を与え、自分の姿に激しい愛情を抱くようにした。

あるとき、ナルシスは泉の水面に映る自己像に恋してしまい、その場を立ち去ることができず、衰弱死して水中に落ちてしまった。そのあとに咲いたのが、水仙（ナルシス）だったという。では、ナルシシストはいつも満足しているかといえば、その反対だ。ナルシシストの抱く自己イメージは、

「人々から注目や称賛を受ける自分」

「特別扱いされる自分」

「他人よりも優越している自分」

である。才能や素養がともなっていればその欲求は満たされるだろうが、残念ながら現実は理想どおりにはいかない。

自己愛は誰でも持っている。それが肥大すれば自意識過剰になるし、少なすぎると自信が持てなかったり、自己卑下してしまう。

ナルシシスト度は、自尊心とも比例する。バランスのいい自己愛、高い自尊心とは、自分の限界を知り、自分が完全でも万能でもないことを認め、欠点のある自分自身を

肯定的に受け入れることである。あるがままの自分を認め、自分自身に「いとおしい」感情を持てることでもある。

だが自己愛人間は、現実の自分を受け入れられず、低い自尊心しか持てない。ナルシシズム度が高ければ高いほど、「特別な自分」を認めてくれない世間に欲求不満を抱える。

その怒りや攻撃性を他の「優れた人」に向けてはイライラしたり、ゆううつになったりと、感情がいつも不安定な状態である。

このタイプは「自分だけは特別」という気持ちが強すぎるために、周囲の反感を買ったり、人間関係のトラブルを起こすことが非常に多い。他人を下に見ている心理が言葉の端々に出て、相手の逆鱗に触れる。しかし本人はなぜ相手が激怒したのか分からず、

「たまたま機嫌が悪かったのだろう」

「短気な人だ。器が小さい」

「私に嫉妬してるのかな」

などと思っている。反省する能力がないため、同じことを必ずくり返す。同じ組織で仕事をすると、極めて質の悪いメンバーである。

称賛してくれる人がいないと自分の価値を感じられないという意味では、他人に依存している人間ともいえる。

◉時には非情になろう

このタイプには、どう対処したらいいだろう?

①適当に聞き流す

わざわざ機嫌をそこねるようなことを言ってもいいことは一つもない。かといって、いつも相手の要求どおりにほめていたのでは、またほめられたくて話しかけてくるので、ときどきほめれば十分だ。

②反撃には冷静に意見を述べる

陰で根も葉もない噂を流されたり、こちらに不利になるように仕向けられたら、きっぱりやり返そう。事実関係を調べ、みんなの前で相手にそれを確認すること。相手が後ろめたいなら、関係者の前でそこを突くのは効き目がある。

相手が感情的になったり泣いてもひるむことはない。個人的な意見は控え、冷静に事実だけを述べるほうが効果的だ。

③プライベートな付き合いは避ける

がまん強く、脇役に徹することが苦痛でない人でもない限り、このタイプと関わるのは疲れる。いつも周囲は聞き役、引き立て役だ。ほめないと機嫌が悪くなり、他の人が注目を浴びることは許さない。まさに「殿様」「女王様」気質だ。自分は絶対的な存在だと信じ、他人がそれに従うのが当然と思っているので、対等な関係など成立しないのである。関わるのは仕事だけにし、プライベートには踏み込ませないのが得策だ。

青春新書 INTELLIGENCE

こころ涌き立つ「知」の冒険

いまを生きる

〝青春新書〟は昭和三一年に――若い日に常にあなたの心の友として、その糧となり実になる多様な知恵が、生きる指標として勇気と力になり、すぐに役立つ――をモットーに創刊された。

そして昭和三八年、新しい時代の気運の中で、新書〝プレイブックス〟にその役目のバトンを渡した。「人生を自由自在に活動《プレイ》する」のキャッチコピーのもと――すべてのうっ積を吹きとばし、自由闊達な活動力を培養し、勇気と自信を生み出す最も楽しいシリーズ――となった。

いまや、私たちはバブル経済崩壊後の混沌とした価値観のただ中にいる。その価値観は常に未曾有の変貌を見せ、社会は少子高齢化し、地球規模の環境問題等は解決の兆しを見せない。私たちはあらゆる不安と懐疑に対峙している。

本シリーズ〝青春新書インテリジェンス〟はまさに、この時代の欲求によってプレイブックスから分化・刊行された。それは即ち、「心の中に自らの青春の輝きを失わない旺盛な知力、活力への欲求」に他ならない。応えるべきキャッチコピーは「こころ涌き立つ〝知〟の冒険」である。

予測のつかない時代にあって、一人ひとりの足元を照らし出すシリーズでありたいと願う。青春出版社は本年創業五〇周年を迎えた。これはひとえに長年に亘る多くの読者の熱いご支持の賜物である。社員一同深く感謝し、より一層世の中に希望と勇気の明るい光を放つ書籍を出版すべく、鋭意志すものである。

平成一七年

刊行者　小澤源太郎

著者紹介

樺 旦純〈かんば わたる〉
作家、心理学者。岩手県生まれ。
産業能率短期大学で人事労務系教科を担当。同大学経営管理研究所で能力開発、創造性開発の研究、指導に携わる。産業教育研究所所長をへて、社員研修や能力開発のセミナー、講演で精力的に活躍中。最新の心理学を現場に即して説くわかりやすさが支持されている。
おもな著書に、『カチンとくる話し方 好かれる話し方』(青春新書プレイブックス)などがある。

まわりを不愉快《ふゆかい》にして平気《へいき》な人《ひと》　青春新書 INTELLIGENCE

2015年2月15日　第1刷

著　者　樺《かんば》　旦《わたる》純

発行者　小澤源太郎

責任編集　株式会社プライム涌光
電話　編集部　03(3203)2850

発行所　東京都新宿区若松町12番1号 〒162-0056　株式会社青春出版社
電話　営業部　03(3207)1916　振替番号　00190-7-98602

印刷・中央精版印刷　製本・ナショナル製本

ISBN978-4-413-04445-5

こころ涌き立つ「知」の冒険!

青春新書
INTELLIGENCE

青春出版社の新書ベストセラー

人に強くなる極意

佐藤 優

どんな相手にも「ぶれない」「びびらない」——。
“図太い人”は、頭をこう使っている。

ISBN978-4-413-04409-7 838円

「ズルさ」のすすめ

佐藤 優

この時代を生き抜くための方法論がある。
自分を見つめ直す「知」の本当の使い方。

ISBN978-4-413-04440-0 840円

お願い ページわりの関係からここでは一部の既刊本しか掲載してありません。折り込みの出版案内もご参考にご覧ください。

※上記は本体価格です。(消費税が別途加算されます)
※書名コード(ISBN)は、書店へのご注文にご利用ください。書店にない場合、電話または Fax(書名・冊数・氏名・住所・電話番号を明記)でもご注文いただけます(代金引替宅急便)。商品到着時に定価+手数料をお支払いください。
〔直販係 電話03-3203-5121 Fax03-3207-0982〕
※青春出版社のホームページでも、オンラインで書籍をお買い求めいただけます。ぜひご利用ください。〔http://www.seishun.co.jp/〕